**DIE PARLAMENTARISCHE GRUPPE KULTUR
PRÄSENTIERT**

DAS PARLAMENTARIER KOCHBUCH

KOCHEN *für* FREUNDE
– *mit* ROBERT SPETH –

Sämtliche Rezepte sind, sofern nicht anders vermerkt,
für 8 Personen berechnet.

INHALT

Vorwort
BUNDESRAT ALAIN BERSET ──── 9

Einleitung
LORENZ FURRER ──── 11

Interview
ROBERT SPETH ──── 12

Porträt
**SWISSLOS &
LOTERIE ROMANDE** ──── 14

№ 1
**NATIONALRAT KURT FLURI &
NATIONALRAT
JEAN-FRANÇOIS STEIERT**
Tapasteller ──── 24
Ganze Mieral-Ente
im Ofen gebraten «Asia Style» ──── 28
**Brie de Meaux an
Rotwein-Birnen-Chutney**
mit Früchtebrot ──── 30

№ 2
**NATIONALRÄTIN
MARIA BERNASCONI &
NATIONALRAT CORRADO PARDINI**
Herbstliche Vorspeise
mit Rehfilet, Linsensalat und Wildterrine ──── 39
Steinpilzrisotto ──── 43
Petit pot au chocolat ──── 45

№ 3
**NATIONALRÄTIN KATHY RIKLIN &
NATIONALRAT
ALEC VON GRAFFENRIED**
Tataki vom Thunfisch
auf Yakumi-Sauce ──── 53
Gefüllter Lammrücken *mit Auberginen* ──── 55
Apfeltarte *mit Doppelrahm* ──── 57

№ 4
**STÄNDERÄTIN ANITA FETZ &
STÄNDERAT ROBERTO ZANETTI**
Spargelspitzen
mit Wildwasserkrevetten ──── 64
Hackbraten
mit Kartoffelpüree und Bohnensalat ──── 69
Warmer Schokoladenkuchen ──── 71

№ 5
**NATIONALRAT
MARTIN CANDINAS &
NATIONALRÄTIN
CHRISTA MARKWALDER**
Sushi-Variationen ──── 78
Gefüllte Spanferkelbrust
mit Sommergemüse ──── 82
Karamellisierte Zitronentarte
mit Erdbeeren und Rhabarber ──── 84

№ 6
**NATIONALRAT
HUGUES HILTPOLD &
NATIONALRAT
CHRISTIAN LÜSCHER**
Wolfsbarsch in der Salzkruste
*mit Safranfenchel und Artischocken-
Tomaten-Ragout* ──── 92
Gefüllte Wachtel *auf jungem Lauch
und Eierschwämmli* ──── 96
Zitronen- und Beerentarteletten ──── 97

№ 7
**NATIONALRÄTIN
EVI ALLEMANN &
NATIONALRÄTIN
CHANTAL GALLADÉ**
Tatar *von Lachs, Thunfisch und Avocado* ──── 106
Kalbsbäggli *mit Blumenkohlpüree* ──── 108
Macaron mit Beeren ──── 110

№ 8
**STÄNDERAT CHRISTIAN LEVRAT &
NATIONALRAT
JEAN CHRISTOPHE SCHWAAB**
Salat von grünem und weissem Spargel
mit Lachs- und Thunfischtatar ──── 118
Seeteufel *auf mediterrane Art* ──── 120
Aprikosentarte *mit Vanilleglace* ──── 122

INHALT

N°9
**NATIONALRÄTIN NADJA PIEREN &
NATIONALRAT ALBERT RÖSTI**
Karotten-Ingwer-Suppe ——— 134
Kalbskarree mit Pilzen, Spinat und
Kartoffelgratin ——— 136
Crêpes mit Heidelbeeren ——— 138

N°10
**NATIONALRAT
MATTHIAS AEBISCHER &
NATIONALRÄTIN ALINE TREDE**
Nudeln mit Meeresfrüchten ——— 147
**Streifen vom Simmentaler Rind
«Japanese Style»** ——— 149
Pannacotta mit Heidelbeeren ——— 151

N°11
**NATIONALRAT
THOMAS HARDEGGER &
NATIONALRAT THOMAS WEIBEL**
Gazpacho mit bretonischem Hummer — 158
Perlhuhnbrust auf Sauerkraut,
Kartoffelpüree und glasierten Maroni — 161
Birnencharlotte
auf Vanille- und Schokoladensauce ——— 163

N°12
**NATIONALRAT
CHRISTOPHE DARBELLAY &
NATIONALRAT LORENZ HESS**
Pilzterrine ——— 172
Rehrücken im Sauerrahmteig
mit Selleriepüree und Preiselbeeren ——— 175
Zwetschgenstrudel ——— 178

N°13
**NATIONALRAT TONI BRUNNER &
STÄNDERAT HANNES GERMANN**
Räucherlachs auf Rahmsauerkraut ——— 187
Geschmorte Kalbshaxe mit Polenta — 189
Nougatschnitte
mit marinierten Orangen ——— 191

N°14
**NATIONALRÄTIN
KATHRIN BERTSCHY &
NATIONALRÄTIN MAYA GRAF**
Artischockensalat
mit Fenchel und Süsskartoffeln ——— 198
Pot au feu vom Kalb
mit frischem Meerrettich ——— 200
Quarkschmarren
mit karamellisierten Äpfeln ——— 202

N°15
**NATIONALRAT IGNAZIO CASSIS &
NATIONALRAT FABIO REGAZZI**
Gnocchi mit Meeresfrüchten ——— 211
Lammkotelett
mit Ratatouille und Oliventapenade — 213
Crème bavaroise mit Rhabarber ——— 215

N°16
**NATIONALRAT FATHI DERDER &
NATIONALRÄTIN REBECCA RUIZ**
Rindstatar mit schwarzer Trüffel ——— 223
Gebratenes Kalbsfilet
mit neuen Kartoffeln ——— 225
Tarte au Vin cuit mit frischen Beeren — 227

N°17
**NATIONALRAT ANDREA CARONI &
NATIONALRÄTIN
NADINE MASSHARDT**
Weisser Spargel mit frischen Morcheln 235
Überraschungsei mit Kaviar ——— 237
Ganzer Steinbutt im Ofen gegart ——— 239
Eiskaffee «Golfclub» ——— 241

GLOSSAR ——— 252

REZEPTVERZEICHNIS ——— 254

Bild: © Keystone/Gaetan Bally

VORWORT

Gelebte kulinarische Konkordanz

Politik und Kochen – man könnte meinen, das seien zwei Welten, die sich kaum berühren. Aber das Gegenteil ist der Fall. Auch in der Politik werden Süppchen gekocht, Themen werden zubereitet, abgeschmeckt und angerichtet. Manchmal kocht auch die Wut hoch. Am Schluss aber wird zum Glück nichts so heiss gegessen, wie es gekocht wurde.

Nicht nur metaphorisch ist die Politik dem Kochen und Essen nahe. Dies zeigt das Kochbuch, das Sie in Händen halten. 34 National- und Ständeräte haben zusammen mit dem Spitzenkoch Robert Speth ein Gourmetmenü für ihre Gäste zubereitet. Dabei sind interessante und parteiübergreifende Tischrunden zusammengekommen – das ist gelebte kulinarische Konkordanz.

So vielfältig wie die Tischrunden sind auch die zubereiteten Menüs. Einige sind überraschend in ihrer Raffinesse, andere bestechen durch ihre Einfachheit. Aber das Produkt ist stets schmackhaft. Ähnlich verhält es sich ja auch mit der Arbeit im Parlament, unserer nationalen Gesetzesküche. Manchmal ist der Prozess langwierig, manchmal geht es schneller. Am Ende aber steht meist eine Lösung, mit der sich gut leben lässt.

Viel Vergnügen und guten Appetit!

ALAIN BERSET, Bundesrat
Vorsteher des Eidgenössischen Departements des Innern

EINLEITUNG

Esskultur verbindet

Liebe Leserin, lieber Leser

Wer in Bundesbern über Mittag in ein Restaurant einkehrt, trifft gut und gerne eine Nationalrätin oder einen Ständerat an, die während eines Essens über Politik debattieren. An der Tafel sitzen nicht nur Parteifreunde, sondern auch politische Gegner zusammen. Esskultur verbindet. Aus diesem Grund halten Sie bereits das zweite Parlamentarier-Kochbuch der Parlamentarischen Gruppe Kultur in den Händen. Vor 25 Jahren hat der damalige Nationalrat François Loeb das erste herausgegeben. Dank dem Spitzenkoch Robert Speth, 17 Zweierkochteams von Parlamentarierinnen und Parlamentariern sowie der Unterstützung von Swisslos, Loterie Romande und der Loeb AG ist ein hoffentlich ebenso appetitanregendes Nachfolgewerk entstanden.

Wir freuen uns, dass sich so viele Mitglieder des eidgenössischen Parlaments aus allen Parteien und verschiedenen Landesteilen an den Herd gewagt haben. Mit viel Einsatz und stets einer Prise Humor haben sie für ihre Gäste und Freunde gekocht. Mit einem mehrfach ausgezeichneten Spitzenkoch in der Küche zu stehen, war selbst für Politikerinnen und Politiker nicht alltäglich. Ein Ständerat und Hobbykoch verglich es treffend: «Wie ein Hobbytennisspieler, der mit Roger Federer trainieren darf.» Das Resultat war dank Robert Speth immer ein vorzügliches Essen – war er doch nicht nur Trainer, sondern auch ein Garant für gelungene Gerichte.

In diesem Sinn wünschen wir Ihnen viel Spass beim Nachkochen und Ihren Gästen «En Guete»!

LORENZ FURRER
Sekretär der Parlamentarischen Gruppe Kultur

Die Parlamentarische Gruppe Kultur ist mit rund 70 Mitgliedern eine der grössten Gruppen des eidgenössischen Parlaments. Sie bringt die Kultur mit ihren verschiedenen Inhalten und Akteuren dem Parlament näher und fördert den Austausch. Beispielsweise beim traditionellen Jahresabschlussanlass unter dem Motto «Kultur ist uns Wurst, aber Wurst ist uns Kultur». Eigens dafür kreierten Nationalrat Toni Brunner und Ständerat Hannes Germann im Rahmen des 13. Kochevents (Seite 192/193) die Würste namens «Franz & Frowin».

Politikerinnen und Politiker in der Küche:

«ES GIBT KÜNSTLER UND HANDWERKER»

Sind Sie ein politischer Mensch?
Nein.

Warum haben Sie trotzdem beim Parlamentarier-Kochbuch mitgemacht?
Um Menschen mit unterschiedlichen politischen Ansichten in einem privaten Rahmen kennenzulernen.

Wenn man sich an ein Parlamentarier-Kochbuch heranwagt, was gilt es da aus kulinarischer Sicht zu beachten?
Die Menüs sind so zu gestalten, dass sie auch für kulinarische Laien nachvollziehbar sind, sich gut vorbereiten lassen und sich optisch gut präsentieren.

Mussten Sie die Rezepte speziell für die Parlamentarier anpassen?
Das Grundthema war «Kochen für Freunde», das heisst, dass Gerichte ausgewählt wurden, die sich gut für einen grossen Tisch von 8 bis 10 Personen eignen.

Politiker geben gerne den Ton an. Konnten sie sich in der Küche unterordnen?
Das war kein Problem.

Hand aufs Herz. Sind Politiker kreative Köche?
Ich denke, da gibt es wie überall Unterschiede, es gibt Künstler und Handwerker.

Wer hat besser gekocht; gibt es ein Links-rechts-Schema?
Sämtliche Politiker, welche sich für das Buch eingeschrieben haben, waren beim Kochen sehr engagiert, mit ihren persönlichen Vorlieben für die von ihnen ausgesuchten Gerichte.

Haben Sie in der Küche etwas von den Politikern gelernt?
Ja, dass sie Politik und Privates gut trennen können.

Sie haben die Politiker nach dem Kochen beim Essen beobachtet. Hat das Essen etwas Verbindendes?
Ja, ich habe festgestellt, dass die Politiker trotz verschiedener politischer Ansichten einen kollegialen Umgang miteinander pflegen.

Eignen sich die Rezepte nur für Politiker-Münder? Oder kann jeder die Inspirationen aus dem Parlamentarier-Kochbuch nachkochen?
Die Rezepte eignen sich auch für Nicht-Politiker, die gerne im Freundeskreis einen Abend verbringen wollen und dazu gut essen möchten.

ROBERT SPETH (*1956 in Ravensburg D) verwöhnt seine Gäste auf höchstem kulinarischen Niveau mit Kreativität und besten Produkten in seinem Restaurant Chesery in Gstaad (18 GaultMillau-Punkte).
1998 wurde Robert Speth mit einem Michelin-Stern ausgezeichnet und 2005 von GaultMillau zum Koch des Jahres ernannt.

Dank den Lottos, Losen und Sportwetten von Swisslos wird die Schweiz kulturell noch vielfältiger. Vom jährlich erzielten Reingewinn in der Höhe von 350 Millionen Franken profitieren unzählige Institutionen und Projekte aus der Kultur – und aus den Bereichen Sport, Umwelt und Soziales.

Seit 1937 verteilt die Loterie Romande 100 % ihres Gewinns an gemeinnützige Westschweizer Projekte. Jedes Jahr kommen fast 210 Millionen Franken Tausenden von nicht gewinnorientierten Institutionen in den Bereichen Kultur, Sport, Soziales und Umwelt zugute.

GUTEN APPETIT WÜNSCHEN SWISSLOS UND DIE LOTERIE ROMANDE

№ 1
ROBERT SPETH
kocht mit

NATIONALRAT KURT FLURI & NATIONALRAT JEAN-FRANÇOIS STEIERT

VORSPEISE
TAPASTELLER

HAUPTGANG
GANZE MIERAL-ENTE
im Ofen gebraten «Asia Style»

DESSERT
BRIE DE MEAUX AN ROTWEIN-BIRNEN-CHUTNEY
mit Früchtebrot

TAPASTELLER

Lachstatar
Thunfischtatar
Zucchetti-Frischkäse-Roulade
Spargel-Pannacotta mit Bärlauchpesto
Königsmakrelenfilet an Yuzu-Marinade

LACHSTATAR
200 g Lachsfilet
wenig abgeriebene Zitronenschale
0,2 dl Olivenöl
1 TL Schnittlauch, fein geschnitten
Meersalz, Pfeffer
16 kleine runde Scheiben Toastbrot

THUNFISCHTATAR
200 g Thunfischfilet
1 EL salzige Sojasauce
0,2 dl Olivenöl
1 TL Wasabipulver
16 kleine runde Scheiben Toastbrot

ZUCCHETTI-FRISCHKÄSE-ROULADE
*1 Strang à ca. 25 cm Länge,
ergibt 10–12 Stück*

8 Rondellen Roggenbrot
oder Pumpernickel, in dünnen Scheiben
1 Zucchetti,
in 8 cm lange Stücke geschnitten
wenig Olivenöl
Salz, Pfeffer

Füllung
1 EL Zucchettibrunoise
½ EL getrocknete Tomaten,
in kleine Würfel geschnitten
wenig Olivenöl
wenig Knoblauch, fein geschnitten
30 g Doppelrahm
1 Blatt Gelatine, eingeweicht
100 g Frischkäse (z.B. Philadelphia)
Salz, Pfeffer

LACHSTATAR

Das Lachsfilet in feine Würfel schneiden und mit den übrigen Zutaten zu einem Tatar verarbeiten. Auf den getoasteten Toastrondellen anrichten und beliebig ausgarnieren.

THUNFISCHTATAR

Das Thunfischfilet in feine Würfel schneiden und mit den übrigen Zutaten zu einem Tatar verarbeiten. Auf den getoasteten Toastrondellen anrichten und beliebig ausgarnieren.

ZUCCHETTI-FRISCHKÄSE-ROULADE

Für die Füllung die Zucchettibrunoise mit den Trockentomatenwürfeln in wenig Olivenöl andünsten, den Knoblauch zugeben und den Doppelrahm angiessen. Aufkochen, die eingeweichte und leicht ausgedrückte Gelatine unterrühren und zum Schluss alles mit dem Frischkäse mischen. Glatt rühren und mit Salz und Pfeffer abschmecken. Bis zur Weiterverwendung in einen Spritzsack mit grosser Lochtülle füllen.
Die Zucchettistücke mit der Aufschnittmaschine oder mit einem Gemüsehobel in ca. 1 mm dicke Scheiben schneiden und diese in wenig Olivenöl weich dünsten, ohne dass sie Farbe annehmen.
Die Zucchettistreifen nebeneinander leicht überlappend auf ein Stück Klarsichtfolie legen und würzen. Mit dem Spritzsack einen Strang Füllung an das untere Ende der Zucchettischeiben spritzen. Mithilfe der Folie die Zucchetti straff aufrollen und die Stränge zusätzlich in Alufolie eindrehen. Mindestens 6 Stunden kalt stellen. Anschliessend 1–1 ½ cm breite Rondellen schneiden und diese auf Scheiben von Roggenbrot oder Pumpernickel setzen. Mit einem Holzstick fixieren und beliebig ausgarnieren.

VORSPEISE

SPARGEL-PANNACOTTA MIT BÄRLAUCHPESTO

Den gekochten Spargel klein schneiden, mit dem Spargelfond aufkochen, im Mixer fein mixen und durch ein feines Sieb passieren.
Den Fond auf 2 dl einkochen, danach die eingeweichte Gelatine darin auflösen. Den Doppelrahm unterrühren und mit Zitronenschale, Salz und Pfeffer abschmecken. In 8 Gläser abfüllen und kalt stellen.
Die Bärlauchblätter blanchieren, klein schneiden und mit Olivenöl, Salz, Pfeffer und Pinienkernen fein mixen. Auf die Spargel-Pannacotta geben. Mit wenig rohen Spargelstiften ausgarnieren.

KÖNIGSMAKRELENFILET AN YUZU-MARINADE

Alle Zutaten für die Marinade in ein sauberes Konfitürenglas geben, verschliessen und gut schütteln.
Die Königsmakrelenscheiben auf wenig dünn geschnittenen Frühlingszwiebeln anrichten und mit der Yuzu-Marinade beträufeln. Nach Belieben mit etwas geröstetem Sesam und Fleur de sel bestreuen.

SPARGEL-PANNACOTTA MIT BÄRLAUCHPESTO
100 g Spargel, gekocht (ca. 3 Stangen)
1 dl Spargelfond
1 Blatt Gelatine, eingeweicht
100 g Doppelrahm
etwas Zitrone, Saft und Schale
fruchtiges Olivenöl,
am besten aus Ligurien
30 g Butter
Salz, Pfeffer

Bärlauchpesto
8–10 junge Bärlauchblätter
1 dl Olivenöl
Salz, Pfeffer
1 EL Pinienkerne, geröstet

KÖNIGSMAKRELENFILET AN YUZU-MARINADE
250 g Königsmakrelenfilet
(oder Hamachi oder Adlerfisch),
in dünnen Scheiben
wenig Frühlingszwiebeln,
dünn geschnitten

Yuzu-Marinade
2 EL Yuzu-Saft oder Limettensaft
2 EL Sojasauce
4 EL Pflanzenöl, am besten
Erdnuss- oder Sonnenblumenöl
1 EL Fischsauce
1 Prise Zucker
½ TL geröstetes Sesamöl
Fleur de sel
Pfeffer aus der Mühle

GANZE MIERAL-ENTE
im Ofen gebraten «Asia Style»

MIERAL-ENTE
2–3 grosse Mieral-Enten
Salz, Pfeffer
2–3 Knoblauchzehen, angedrückt
2–3 Zweige Rosmarin
2–3 Stängel Zitronengras, gequetscht
100 g weiche Butter
500 g Mirepoix

SAUCE
0,4 dl Weisswein
5 dl Geflügelfond
1 EL Honig
1 Limone, Saft und Schale
1–2 EL Chilisauce
0,6 dl Sojasauce (Ketjap manis)
50 g Butterflocken

JASMINREIS ODER BASMATIREIS
500 g Reis, gekocht (200 g Rohgewicht)
0,4 dl Pflanzenöl
evtl. gekochte Schinkenwürfel
½ Knoblauchzehe, fein geschnitten
½ Bund Koriander, grob geschnitten
2 Eier
1 EL Sojasauce
4 EL süsse Chilisauce

MIERAL-ENTE

Die ausgenommenen Enten innen und aussen mit Salz und Pfeffer würzen. Danach Knoblauch, Rosmarin und Zitronengras in den Körper füllen. Die Enten aussen mit weicher Butter bestreichen. Die Enten in einem Bräter auf Mirepoix, eventuell mit Geflügelabschnitten, setzen, mit etwas Wasser angiessen und in den 230 °C heissen Ofen schieben. Nach 25–30 Minuten aus dem Ofen nehmen und auf einem Gitter ruhen lassen.

SAUCE

Das Fett im Bräter abgiessen, das Mirepoix mit Weisswein ablöschen und mit dem Geflügelfond angiessen. Alles aufkochen und 15–20 Minuten leicht köcheln lassen. Anschliessend durch ein feines Sieb passieren und auf die gewünschte Konsistenz einkochen. Mit Honig, Limonensaft und -schale sowie Chili- und Sojasauce abschmecken und mit Butterflocken aufmontieren.

REIS

Den gekochten Reis mit Pflanzenöl, Kochschinkenwürfeln, Knoblauch und Koriander erhitzen, zum Schluss mit den Eiern leicht binden und mit Soja- und süsser Chilisauce abschmecken.

HAUPTGANG

GEMÜSE

Die feinblättrig geschnittenen Gemüse mit Pflanzenöl bei hoher Temperatur in einem Wok anbraten und mit Soja- und süsser Chilisauce abschmecken. Mit wenig Ingwer und Korianderblättern vollenden und mit geröstetem Sesam bestreuen.

Anrichten

Nach einer Ruhezeit von 20 Minuten die Enten nochmals für 4–5 Minuten in den 210 °C heissen Ofen schieben. Danach herausnehmen, auftranchieren, mit dem Asia-Gemüse und dem gebratenen Reis anrichten und mit der Sauce nappieren.

ASIA-GEMÜSE
alle Zutaten feinblättrig schneiden

1 Chinakohl
4 Pak Choi
3 Karotten
1 rote Peperoni
1 gelbe Peperoni
10 Shiitakepilze
100 g Sojasprossen
wenig kleine Spinatblätter
100 g Kefen
1 Bund Frühlingszwiebeln
1 dl Pflanzenöl
Sojasauce
süsse Chilisauce
1 EL Ingwerwurzel, fein geschnitten
wenig Korianderblätter
weisser und schwarzer Sesam, geröstet

Garnitur
½ gebratener Pak Choi oder
Gemüse-Samosa

BRIE DE MEAUX AN ROTWEIN-BIRNEN-CHUTNEY

mit Früchtebrot

BRIE DE MEAUX «CHALET CHESERY»
(mit Trüffel gefüllt)
Können Sie im Restaurant Chesery
in Gstaad bei Robert Speth bestellen
(www.chesery.ch).

ROTWEIN-BIRNEN-CHUTNEY
4 Birnen, geschält, ohne Kernhaus,
in Würfel geschnitten
100 g Zucker
2 Gewürznelken
1 Zimtstange
5 dl Rotwein
2 ½ dl roter Portwein

FRÜCHTEBROT
500 g Dörrfrüchte (Birnen, Zwetschgen,
Feigen), in Würfel geschnitten
1 dl Obstbrand

Vorteig
125 g gemischte Getreideflocken
1 ¾ dl lauwarmes Wasser
15 g Hefe
60 g Zucker
1 EL Honig
1 Zitrone, Schale

650 g Mehl
20 g Salz
25 g Hefe
50 g Vin cuit (Birnendicksaft)
200 g Rosinen und Korinthen
150 g Baumnüsse, grob gehackt

ROTWEIN-BIRNEN-CHUTNEY

Fürs Chutney alles zusammen langsam einkochen, danach die Gewürze entfernen und die Birnen mit der Flüssigkeit im Mixer pürieren. Bis zur gewünschten Konsistenz einreduzieren, in Gläser füllen, verschliessen und nach dem Auskühlen im Kühlschrank aufbewahren.

FRÜCHTEBROT

Die Dörrfrüchte über Nacht in Obstbrand einweichen. Am nächsten Tag Getreideflocken, Wasser, Hefe, Zucker, Honig und abgeriebene Zitronenschale für den Ansatz zusammenrühren und 20 Minuten zugedeckt gehen lassen.

Mehl, Salz, Hefe und Vin cuit zum Vorteig geben und alles zu einem glatten Teig kneten. Danach 30 Minuten zugedeckt gehen lassen.

Die eingeweichten Dörrfrüchte mit den Rosinen, den Korinthen und den Nüssen unter den Teig kneten und wiederum 30 Minuten zugedeckt gehen lassen. Anschliessend den Teig zu 2 Stangen formen und nochmals 15–20 Minuten zugedeckt gehen lassen.

Bei 185 °C im Ofen 20–25 Minuten backen.

JEAN-FRANÇOIS STEIERT
Nationalrat Kanton Freiburg
Sozialdemokratische Partei der Schweiz (SP)

KURT FLURI
Nationalrat Kanton Solothurn
FDP.Die Liberalen

GÄSTE
Nicole Beutler, Brigitte Giroud, Charles Giroud, Laura Grüter,
Jean-Luc Moner-Banet, Danielle Perrette, Nationalrätin Kathy Riklin

№ 2
ROBERT SPETH
kocht mit

NATIONALRÄTIN MARIA BERNASCONI & NATIONALRAT CORRADO PARDINI

VORSPEISE
HERBSTLICHE VORSPEISE
*mit Rehfilet,
Linsensalat und Wildterrine*

HAUPTGANG
STEINPILZ-RISOTTO

DESSERT
PETIT POT AU CHOCOLAT

HERBSTLICHE VORSPEISE
mit Rehfilet, Linsensalat und Wildterrine

LINSENSALAT

Die Gemüsewürfel blanchieren, mit den gekochten Linsen in wenig Olivenöl andünsten und kurz zur Seite stellen. Noch lauwarm mit Olivenöl, Balsamicoessig und abgeriebener Orangenschale marinieren, mit Salz und Pfeffer abschmecken.

WILDTERRINE

Alle Zutaten für die Marinade mischen und das Schweinefleisch über Nacht damit marinieren. Am nächsten Tag das Schweinefleisch und die Zwiebeln aus der Marinade nehmen und in einer Pfanne goldgelb anbraten. Anschliessend 15 Minuten in den 200 °C heissen Backofen geben. Die restliche Marinade mit der Leber, den Eiern und dem Rahm sowie etwas Salz mischen, im Mixer pürieren und durch ein Sieb passieren.
Sobald es gar ist, das Schweinefleisch aus dem Ofen nehmen und mit dem Bratansatz im Kühlschrank auskühlen lassen (auf 2 °C). In der Zwischenzeit das gut gekühlte Wild- und Kalbfleisch durch die feine Scheibe des Fleischwolfes drehen, mit Salz und Pfeffer würzen und wiederum kalt stellen.
Nun das ausgekühlte Schweinefleisch mit dem Bratansatz und den Zwiebeln durch die mittlere Scheibe des Fleischwolfes drehen und ebenfalls kalt stellen.
Sobald alle Fleischarten gut durchgekühlt sind, mit dem passierten Leber-Rahm-Gemisch mischen und mit Salz, Pfeffer, Pastetengewürz und Orangenschale abschmecken.

LINSENSALAT

200 g grüne Linsen, gekocht
(60 g Rohgewicht)
½ Lauchstange,
in kleine Würfel geschnitten
1 Karotte, geschält,
in kleine Würfel geschnitten
4 Schalotten,
in kleine Würfel geschnitten
wenig Olivenöl zum Andünsten
2 dl Olivenöl
2 EL Balsamicoessig
etwas abgeriebene Orangenschale
Salz, Pfeffer

WILDTERRINE
Für ca. 1 kg Terrine

300 g fettes Schweinefleisch vom Hals
300 g Wildfleisch
(Reh, Hirsch, Gams oder Wildschwein)
300 g Kalbfleisch
100 g Wild- oder Geflügelleber
2 Eier
3 dl Rahm
wenig Salz
Pfeffer, Pastetengewürz,
abgeriebene Orangenschale
100 g gekochte Speckwürfel
2 EL Pistazienkerne

Marinade
1 Zwiebel, in Würfel geschnitten
2 Knoblauchzehen, fein geschnitten
wenig Lorbeer, Thymian, Rosmarin
wenig Vanillemark
0,4 dl Cognac
wenig abgeriebene Orangenschale

REHFILET
8 Rehfilets
20 g Butter
1 Zweig Rosmarin
Salz, Pfeffer

Garnitur
ca. 150 g herbstliche Blattsalate, geputzt
und gewaschen
Olivenöl, Balsamicoessig, Salz, Pfeffer
2 Orangen, filetiert
100 g Nüsse oder Pinienkerne,
gehackt und geröstet
8 halbe Scheiben Wildterrine

Zum Schluss die Speckwürfel und die ganzen Pistazienkerne zugeben und nochmals alles gut durchmischen. Die Masse in eine mit Klarsichtfolie ausgelegte Terrinenform füllen und mit der Folie verschliessen. Die Terrine im Wasserbad bei 140 °C Ofentemperatur ca. 40 Minuten zugedeckt garen. Sobald die Terrine eine Kerntemperatur von 72 °C erreicht hat, aus dem Ofen nehmen und bei Raumtemperatur langsam auskühlen lassen.
Die Terrine vor dem Anschneiden 2–3 Tage im Kühlschrank ruhen lassen.

REHFILET
Die Rehfilets mit dem Rosmarinzweig in aufschäumender Butter rosa braten, mit Salz und Pfeffer würzen und warm stellen.

Anrichten
Die geputzten Blattsalate mit Olivenöl, wenig Balsamicoessig, Salz und Pfeffer marinieren. Die Rehfilets aufschneiden und auf den lauwarmen Linsensalat legen. Mit den Blattsalaten und der Wildterrine vollenden. Als Garnitur eignen sich Orangenfilets, gehackte Nüsse oder Pinienkerne oder auch Feigen oder etwas gehobelte rohe Steinpilze.

STEINPILZ-RISOTTO

Die Schalotten in Butter glasig dünsten, den Reis und die Hälfte der Steinpilzwürfel zugeben und ebenfalls glasig düsten. Mit Weisswein ablöschen, wenig Bouillon zugeben, einreduzieren und anschliessend unter ständigem Rühren nach und nach so viel Bouillon dazugeben, bis der Reis al dente gegart ist. Zum Schluss die Butterflocken unterrühren und den Risotto mit Parmesan, geschlagenem Rahm, Salz, Pfeffer und Zitrone vollenden.
Die restlichen Steinpilzwürfel in wenig Olivenöl anbraten, Petersilie und Knoblauch zugeben, mit Salz und Pfeffer abschmecken und über den Risotto verteilen.

500 g Risottoreis
800 g Steinpilze, in Würfel geschnitten
100 g Schalotten, in Würfel geschnitten
150 g Butter
2 dl Weisswein
1–1½ l Bouillon
80–100 g Butterflocken
100 g Parmesan, gerieben
1 EL Rahm, geschlagen
Salz, Pfeffer
½ Zitrone, Saft und Schale
wenig Olivenöl
2 EL Petersilie, geschnitten
wenig Knoblauch, klein geschnitten

PETIT POT AU CHOCOLAT

Eigelb, ganzes Ei und Wasser mischen und im Wasserbad warm schlagen. Rum und Espresso zugeben und glatt rühren. Die Kuvertüre über dem Wasserbad schmelzen und zugeben. Zum Schluss den leicht geschlagenen Rahm unterziehen. Die Mousse in einen Dressiersack füllen und gleichmässig in kleine Porzellanformen oder Gläser dressieren. Kühl stellen.
Nach dem Durchkühlen mit Kakao bestreuen und mit Beeren und frischer Minze ausgarnieren.

1 Eigelb
1 Ei
1 EL Wasser
0,2 dl Rum
1 Espresso
200 g Kuvertüre, 70 % Kakaoanteil
$3\frac{1}{2}$ dl Rahm, leicht geschlagen
etwas Kakao zum Bestreuen
evtl. Minzeblätter und Beeren zum Garnieren

MARIA BERNASCONI
Nationalrätin Kanton Genf
Sozialdemokratische Partei der Schweiz (SP)

CORRADO PARDINI
Nationalrat Kanton Bern
Sozialdemokratische Partei der Schweiz (SP)

GÄSTE
Nicole Beutler, Giorgio Pardini, Marion Pardini, Tiziana Pardini,
Anne Payot, Daniel Roth, Caroline Tuti, Giorgio Tuti

Nº 3
ROBERT SPETH
kocht mit

NATIONALRÄTIN KATHY RIKLIN & NATIONALRAT ALEC VON GRAFFENRIED

VORSPEISE
TATAKI VOM THUNFISCH
auf Yakumi-Sauce

HAUPTGANG
GEFÜLLTER LAMMRÜCKEN
mit Auberginen

DESSERT
APFELTARTE
mit Doppelrahm

N̊ 3
― *VORSPEISE* ―

TATAKI VOM THUNFISCH
auf Yakumi-Sauce

TATAKI

Den Thunfisch in wenig Pflanzenöl ganz kurz farblos anbraten und auskühlen lassen.

YAKUMI-SAUCE

Alle Zutaten für die Sauce in den Mixer geben und fein pürieren. Mit etwas Salz, Sojasauce und Reisessig abschmecken.

Anrichten

Die Sauce auf einen Teller geben, den Thunfisch in Scheiben schneiden und auf der Sauce anrichten. Mit Scheiben von Staudensellerie und Kresse vollenden. Als Garnitur eignet sich beispielsweise etwas gerösteter Sesam.

TATAKI
800 g Sashimi-Thunfisch
wenig Pflanzenöl
4 Stangen Staudensellerie,
geschält und in Scheiben geschnitten
100 g Kresse oder Sakurakresse

YAKUMI-SAUCE
2 Knoblauchzehen,
geschält und grob geschnitten
1 daumengrosses Stück Ingwer,
geschält und grob geschnitten
2 Schalotten,
geschält und grob geschnitten
4 Frühlingszwiebeln, grob geschnitten
15 Shiso-Blätter (frische und grüne)
oder 1 Bund Koriander
etwas Schnittlauch
0,3 dl Reisessig
2 Limonen, Saft
0,6 dl salzarme Sojasauce
5 dl Pflanzenöl
1 TL Zucker
wenig Salz

GEFÜLLTER LAMMRÜCKEN
mit Auberginen

Die Sattelstücke auslösen, leicht plattieren und mit Salz und Pfeffer würzen. Die Aubergine längs in Scheiben schneiden, beidseitig in Olivenöl anbraten und auf Küchenpapier legen.
Die Auberginenscheiben auf die Innenseiten der aufgeklappten Sattelstücke legen. Das Mie de pain mit den Kräutern und dem Rindermark mischen und gleichmässig auf den Auberginen verteilen. Die Sattelstücke einrollen und binden. In etwas Olivenöl ringsum goldgelb anbraten und danach in einem Bräter auf das Mirepoix setzen. Mit wenig Weisswein angiessen und 20 Minuten bei 200 °C im Ofen saignant braten. Aus dem Ofen nehmen und an einem warmen Ort 15–20 Minuten auf einem Gitter ruhen lassen.
Den Bratansatz mit dem Lammfond angiessen, auf die Hälfte einkochen und anschliessend durch ein feines Sieb passieren. Die Sauce mit wenig Butterflocken aufmontieren und mit Rosmarin, Salz, Pfeffer, etwas Zitronensaft und -schale abschmecken.

Tipp
Als Beilage eignen sich Ratatouille, Gemüse oder Rosmarinkartoffeln.

2 Sattelstücke vom Lamm à 0,8–1 kg
1–2 Auberginen
6 Scheiben Toastbrot für Mie de pain
1 Bund Thymian, grob geschnitten
1 Bund Blattpetersilie, grob geschnitten
1 Zweig Rosmarin, grob geschnitten
150 g Rindermark, fein gewürfelt
500 g Mirepoix
wenig Weisswein
4 dl Lammfond
wenig Butterflocken
Olivenöl
Rosmarin, Salz, Pfeffer
½ Zitrone, Saft und Schale

APFELTARTE
mit Doppelrahm

FRANCHIPAN
Fürs Franchipan alle Zutaten schaumig rühren.

Tipp
Franchipan kann problemlos tiefgekühlt werden. Vor der Verwendung auftauen und erneut schaumig schlagen.

APFELTARTE
Den Blätterteigboden mit dem Franchipan bestreichen, dabei ringsum ca. 1 Fingerbreit Rand lassen, damit der Blätterteig aussen schön aufgehen kann. Die Apfelscheiben gleichmässig auf dem Franchipan verteilen und mit Zimtzucker bestreuen. Die Tarte 8–10 Minuten bei 200 °C goldgelb backen.
Mit Puderzucker bestreuen und den Kuchen noch warm mit dem Doppelrahm servieren.

Tipp
Andere Früchte wie Aprikosen, Zwetschgen und Birnen eignen sich ebenfalls vorzüglich. Vanille- und Zimtglace passen sehr gut dazu.

Für 2 Tarteformen à 30–34 cm Durchmesser

FRANCHIPAN
60 g weiche Butter
40 g Zucker
50 g Marzipan-Rohmasse
1 Ei
etwas Vanillemark
35 g Mehl
wenig Salz
etwas abgeriebene Zitronenschale

APFELTARTE
500 g dünner Blätterteig, rund ausgerollt
160 g Franchipan
8 Äpfel, geschält, entkernt, halbiert, in dünne Scheiben geschnitten
100 g Zimtzucker
Puderzucker zum Bestäuben
Doppelrahm, nach Belieben

KATHY RIKLIN
Nationalrätin Kanton Zürich
Christlichdemokratische Volkspartei der Schweiz (CVP)

ALEC VON GRAFFENRIED
Nationalrat Kanton Bern (bis Juni 2015)
Grüne Partei der Schweiz (GPS)

GÄSTE
Norina Frey, Laura Grüter, Michael Hug, EU-Botschafter Richard Jones, Stefan Kilchenmann,
Deutscher Botschafter Otto Lampe, Nationalrätin Christa Markwalder, Prof. Christa Tobler

STÄNDERÄTIN ANITA FETZ & STÄNDERAT ROBERTO ZANETTI

N⁰ 4

MENÜ

VORSPEISE
SPARGELSPITZEN
mit Wildwasserkrevetten

HAUPTGANG
HACKBRATEN
mit Kartoffelpüree und Bohnensalat

DESSERT
WARMER SCHOKOLADENKUCHEN

SPARGELSPITZEN
mit Wildwasserkrevetten

SPARGELSPITZEN
2 kg grüner Spargel (ca. 25 Stangen), gekocht
0,5 dl Trüffel- oder Nussöl
Salz, Pfeffer
etwas Zitrone, Saft und Schale

WILDWASSERKREVETTEN
8 Wildwasserkrevetten, Grösse 8/12
wenig Olivenöl
wenig Knoblauch, Zitronenthymian, Petersilie, Schnittlauch
wenig abgeriebene Zitronenschale
1 Trüffel
5 dl Krustentiersauce

SPARGELSPITZEN

Die noch lauwarmen Spargelspitzen mit Trüffel- oder Nussöl, Salz, Pfeffer und etwas Zitrone marinieren.

WILDWASSERKREVETTEN

Die Wildwasserkrevettenschwänze bis auf das Schwanzstück schälen, an der dickeren Seite zur Hälfte einschneiden und in nicht zu heissem Olivenöl ansautieren. Gegen Ende des Garens Knoblauch und Kräuter zugeben und mit Zitronenschale und Olivenöl abschmecken.
Die Trüffel über die Krevetten hobeln und mit der Sauce nappieren.

Tipp
Es können auch Tomaten- und Schalottenwürfel sowie frische Kräuter in wenig Olivenöl ansautiert und anstelle der Trüffel und der Krustentiersauce verwendet werden.

KRUSTENTIERSAUCE

Die Krustentierkarkassen mit Butter, Knoblauch, Thymian und Wasser aufkochen und am Herdrand simmern lassen. Dabei die Karkassen immer wieder mit zwei Kochlöffeln zerstossen. Anschliessend Tomatenmark, Mirepoix und Estragon dazugeben und etwas anrösten. Mit Cognac, Portwein, Noilly Prat und Weisswein ablöschen, mit dem Fischfond auffüllen und auf die Hälfte einreduzieren.
Den Rahm dazugiessen, alles aufkochen und mindestens 1 Stunde ziehen lassen. Danach durch ein Sieb passieren und mit den Butterflocken und wenig Weisswein im Mixer pürieren.
Mit Salz, Pfeffer, Gewürzmischung und Cognac abschmecken, mit wenig Schlagrahm und frischem Estragon vollenden.

Tipp
Je länger die Karkassen im Fond ziehen, desto kräftiger wird die Sauce. Auf dieselbe Weise können Sie eine Hummersuppe zubereiten. Dabei muss lediglich die Menge des Fischfonds auf 5–7 ½ dl erhöht werden, je nach gewünschter Leichtigkeit der Suppe.

Anrichten
Die Krevetten mit den Spargelspitzen anrichten. Mit etwas Bratansatz nappieren und mit Krustentiersauce vollenden.

Tipp
Statt mit Krustentiersauce können Sie das Gericht auch mit etwas Olivenöl und Zitronensaft beträufeln.

KRUSTENTIERSAUCE
Für 5 dl

1 kg Krustentierkarkassen, am besten vom bretonischen Hummer, gut zerstossen
100 g Butter
1 Knoblauchzehe, angedrückt
1 Zweig Thymian
0,5 dl Wasser
1 EL Tomatenmark
100 g Mirepoix, klein gewürfelt
1 Zweig Estragon
0,4 dl Cognac oder Weinbrand
0,4 dl roter Portwein
0,4 dl Noilly Prat
1 ¼ dl Weisswein
2 ½ dl Fischfond
5 dl Rahm
2 EL Butterflocken
wenig Weisswein
Salz
Pfeffer aus der Mühle
Gewürzmischung
wenig Cognac
wenig Rahm, geschlagen
etwas Estragon, fein geschnitten

Die Original-Gewürzmischung können Sie im Restaurant Chesery in Gstaad bei Robert Speth bestellen (www.chesery.ch). Anstelle dieser Gewürzmischung kann eine Mischung aus weissem Pfeffer, wenig Curry und Fleur de sel verwendet werden.

HAUPTGANG

HACKBRATEN
mit Kartoffelpüree und Bohnensalat

KARTOFFELPÜREE

Die Kartoffeln schälen, in grosse Würfel schneiden und in Salzwasser weich kochen. Abgiessen und ausdämpfen lassen. Mit der heissen Milch und der Butter zu einem cremigen Püree verarbeiten. Je nach Stärkegehalt der Kartoffeln kann die benötigte Milchmenge etwas variieren.
Mit Salz, Pfeffer und Muskatnuss abschmecken.

BOHNENSALAT

Die gerüsteten Keniabohnen in Salzwasser knackig kochen. Die Bohnen benötigen reichlich Salz, am besten Fleur de sel. Kurz vor dem Abgiessen die Schalottenscheiben dazugeben und beides in ein Sieb abgiessen.
Die noch warmen Bohnen mit den Tomaten mischen und mit Olivenöl, Balsamicoessig, Salz, Pfeffer und Gewürzmischung abschmecken.

HACKBRATEN

Das Fleisch durch die 3-mm-Scheibe des Fleischwolfes drehen.
Die Zwiebel und den Knoblauch in wenig Öl oder Butter weich dünsten, etwas abkühlen lassen und danach mit den übrigen Zutaten zu einem glatten Fleischteig verarbeiten.
Die Masse in ein Schweinenetz einschlagen, auf ein gefettetes Backblech setzen und bei 160 °C ca. 40 Minuten garen.
Mit dem Kartoffelpüree und dem lauwarmen Bohnensalat servieren.

KARTOFFELPÜREE
800 g Kartoffeln, mehligkochend
ca. 3 dl heisse Milch
100 g Butter
Salz, Pfeffer, Muskatnuss

BOHNENSALAT
0,6–1 kg Keniabohnen
2–3 Schalotten, in Scheiben geschnitten
3 Tomaten, gehäutet, in Würfel oder Streifen geschnitten
Olivenöl
Balsamicoessig
Salz, Pfeffer
Gewürzmischung

Die Original-Gewürzmischung können Sie im Restaurant Chesery in Gstaad bei Robert Speth bestellen (www.chesery.ch). Anstelle dieser Gewürzmischung kann eine Mischung aus weissem Pfeffer, wenig Curry und Fleur de sel verwendet werden.

HACKBRATEN
500 g fettes Kalbfleisch
400 g Schweinefleisch vom Hals
300 g Rindfleisch
4 Eier
1 Zwiebel, fein gehackt
1 Knoblauchzehe, fein gehackt
wenig Öl oder Butter
5 Scheiben Toastbrot, eingeweicht, zerzupft
1 EL Blattpetersilie, fein geschnitten
1 Schweinenetz zum Einpacken
Salz, Pfeffer

WARMER SCHOKOLADENKUCHEN

Die Kuvertüre im Wasserbad schmelzen, die zerlassene Butter dazugeben und die Eigelbe unterziehen.
Die Eiweisse zu Schnee schlagen, dabei nach und nach den Zucker zugeben. Die Eischneemasse unter die Schokoladenmasse heben. Anschliessend in flache ausgebutterte und ausgezuckerte Formen (am besten aus Alu) füllen und 12 Minuten bei 190 °C backen. Vor dem Anrichten ca. 1 Minute auskühlen lassen.

Anrichten
Auf leicht geschlagenem Rahm servieren und mit Früchten oder Beeren garnieren.

Tipp
Die Kuchen können sehr gut in rohem Zustand eingefroren und vor Gebrauch tiefgekühlt gebacken werden.

Für 10–12 Kuchen à 12 cm Durchmesser

200 g bittere Kuvertüre, 70 % Kakaoanteil
100 g Butter, zerlassen
4 Eigelb
4 Eiweiss
140 g Zucker

ROBERTO ZANETTI
Ständerat Kanton Solothurn
Sozialdemokratische Partei der Schweiz (SP)

ANITA FETZ
Ständerätin Kanton Basel-Stadt
Sozialdemokratische Partei der Schweiz (SP)

GÄSTE
**Ständerat Fabio Abate, Ständerat Hans Altherr, Roger de Weck,
Roger Fasnacht, Ulrich Gygi, Ständerat Christian Levrat,
Barbara Schaerer, Bundesrätin Eveline Widmer-Schlumpf**

N° 5
ROBERT SPETH
kocht mit

NATIONALRAT MARTIN CANDINAS & NATIONALRÄTIN CHRISTA MARKWALDER

VORSPEISE
SUSHI-VARIATIONEN

HAUPTGANG
GEFÜLLTE SPANFERKELBRUST
mit Sommergemüse

DESSERT
KARAMELLISIERTE ZITRONENTARTE
mit Erdbeeren und Rhabarber

SUSHI-VARIATIONEN

1 Mango, in Streifen geschnitten
½ Gurke, in Streifen geschnitten
1 Avocado, in Streifen geschnitten
ca. 600 g Fischfilet von Lachs,
Thunfisch, Königsmakrele oder
Wolfsbarsch
2 ½ dl Sojasauce
100 g Wasabi

SUSHI-REIS
*1 kg, ergibt etwa 13 kleine oder
7 grosse Rollen, für 8 Personen
als Vorspeise*

450 g japanischer Reis
5,4 dl Wasser
1 Paket Noriblätter

Marinade
1,2 dl Reisessig
3 TL Zucker
1 TL Meersalz

Bei der Zubereitung von Sushi finden alle möglichen Kombinationen von Fisch, Gemüse, Obst, Fischeiern, Krustentieren und Omeletten Verwendung, ganz nach Ihrem Geschmack.

SUSHI-REIS

Die Zutaten für die Marinade in einen Topf geben und auf kleiner Stufe erhitzen, bis der Zucker und das Salz sich aufgelöst haben. Die Marinade darf nicht kochen, sonst gehen die Geschmäcke verloren. Den Topf von der Flamme nehmen und auskühlen lassen.
Den Sushi-Reis unter fliessendem Wasser gründlich waschen (ungefähr 4 Minuten). Dabei ständig umrühren, bis nur noch klares Wasser abfliesst. Den gewaschenen Reis in einen Topf geben und das Wasser hinzufügen. Den Reis mindestens 30 Minuten im Wasser ziehen lassen, wenn möglich 1 ½ Stunden.
Anschliessend den Topf auf den Herd stellen und das Wasser mit dem Reis zum Kochen bringen. Sobald das Wasser aufkocht, die Hitze reduzieren. Den Reis 8–9 Minuten köcheln lassen.
Dann den Topf von der Flamme nehmen, den Deckel aber noch 15 Minuten auf dem Topf lassen. Danach den Reis in eine Schüssel stürzen, am besten in eine japanische Holzschüssel, und die Marinade darübergeben. Den Reis vorsichtig umrühren, bis er auf Raumtemperatur abgekühlt ist.

MAKI SUSHI

Die Noriblätter auf eine Bambusmatte legen und im unteren Drittel den gekochten Sushi-Reis ca. 5 mm hoch und 4 cm breit auftragen. Darauf die Streifen von rohem Fisch, Gemüse oder Obst legen, mit etwas Wasabi bestreichen und straff einrollen. Es empfiehlt sich, pro Rolle maximal 3 verschiedene Fisch-, Gemüse- oder Obstsorten zu verwenden.
Die Sushi-Rollen bis zum Schneiden nicht kalt stellen. Die Sushi sollten bei Raumtemperatur serviert werden.

VARIANTE INSIDE-OUT (CALIFORNIA ROLL)
Den Reis auf ein Stück Klarsichtfolie (25 × 15 cm) auftragen, mit einem halben Noriblatt belegen, Fisch- oder Gemüsestreifen daraufgeben, mit etwas Wasabi würzen und mithilfe der Klarsichtfolie straff einrollen.
Sobald der Reis gut abgebunden hat, die Klarsichtfolie entfernen und die Sushi-Rollen in geröstetem Sesam wenden. Alternativ können die Rollen auch in Fischeiern gewendet werden.

VARIANTE NIGIRI BALL
Zuerst in der Hand kleine Reiskugeln formen. Dann ein Stück Klarsichtfolie (15 × 15 cm) in die Hand legen. Eine dünn geschnittene Scheibe von rohem Fisch auf die Folie legen, mit etwas Wasabi bestreichen, eine Reiskugel daraufgeben und alles mithilfe der Folie zu einer Kugel formen.

VARIANTE MIT RAUCHFISCH (AAL) ODER GEKOCHTEM PULPO
Den gekochten Sushi-Reis in den Fingern kneten und oval formen. Mit etwas Wasabi bestreichen und eine glasig gekochte Krevette, etwas Pulpo oder ein Stück Rauchfisch darauflegen. Mit einem Noriblattstreifen fixieren.

VARIANTE MIT SOBA (BUCHWEIZENNUDELN)
Die Buchweizennudeln in einen Topf mit ungesalzenem, kochendem Wasser geben. Sobald die Nudeln aufkochen und zu überschäumen beginnen, mit etwas kaltem Wasser ablöschen. Diesen Vorgang 3–4 Mal wiederholen, bis die Nudeln gar sind. Die Soba mit kaltem Wasser abspülen und wie Sushi-Reis in einem Noriblatt einschlagen.

VARIANTE MIT LACHS- UND THUNFISCHTATAR
Für das Tatar das Fischfleisch in feine Würfel schneiden, mit Salz, Pfeffer, abgeriebener Zitronenschale, Wasabi und Sojasauce würzen und in einen Spritzsack füllen.
Ein Stück Klarsichtfolie mit dünn geschnittenem Lachs belegen, an einer Seite das Tatar aufspritzen und einrollen. Die Rollen in einem Stück Alufolie straff einrollen und anfrieren. Am besten werden die Rollen in halb gefrorenem Zustand geschnitten, damit sie die Form behalten.

VARIANTE MIT MARINIERTER MAKRELE
Die rohen Makrelenfilets 2 Stunden in Reisessig marinieren, danach herausnehmen, trocken tupfen und auf eine Reisrolle legen. Mithilfe von Klarsichtfolie straff einrollen und vor dem Anrichten 1–1 ½ cm dick aufschneiden.

Nº 5
HAUPTGANG

GEFÜLLTE SPANFERKELBRUST
mit Sommergemüse

2 Spanferkelbrüste à 1–1 ½ kg, ohne Knochen
Salz, Pfeffer, Ingwer, Knoblauch, Kümmel
250 g Mirepoix
1 ¼ dl Weiss- oder Altbier
4 dl Kalbsfond

Füllung
10 Scheiben Toastbrot, in Würfel geschnitten
1 Zwiebel, in Würfel geschnitten
100 g Butter
4 Eier
2 dl lauwarme Milch
1 Bund Blattpetersilie, fein geschnitten
Salz, Pfeffer, Muskatnuss

Für die Füllung die Hälfte der Toastbrotwürfel sowie die Zwiebelwürfel in der Butter ansautieren. Danach mit dem restlichen Toastbrot, den Eiern und der lauwarmen Milch mischen und ca. 15 Minuten ziehen lassen. Anschliessend die Petersilie zugeben und die Füllung würzig abschmecken. Die Spanferkelbrüste damit füllen, einrollen und mit einer Wurstschnur binden.

Die gefüllten Brüste im Salzwasser 15–20 Minuten pochieren, danach herausnehmen. Die Schwarte kreuzweise einschneiden und mit Salz, Pfeffer, Ingwer, Knoblauch und Kümmel würzen.

Die Spanferkelbrüste in einem Bräter auf das Mirepoix setzen und im Ofen 40–50 Minuten bei ca. 180 °C garen. Gelegentlich mit dem Bratansatz begiessen. Während des letzten Bratdrittels immer wieder mit etwas Weiss- oder Altbier begiessen.

Die Spanferkelbrüste aus dem Bräter nehmen und warm stellen. Den Kalbsfond angiessen, aufkochen und den Bratansatz durch ein feines Sieb giessen. Mit Salz und Pfeffer sowie etwas Zitronensaft abschmecken.

Als Beilage passt sommerliches Gemüse.

Tipp
Zum Kochen immer Weiss- oder Dunkelbier verwenden. Normales Bier oder Pils macht die Saucen bitter.

KARAMELLISIERTE ZITRONENTARTE
mit Erdbeeren und Rhabarber

Für 2 Tarteformen à 22 cm Durchmesser

MÜRBTEIG
200 g kalte Butter, in Würfel geschnitten
100 g Puderzucker
300 g Mehl
1 Prise Salz
1 Eigelb

ZITRONENGUSS
7 Eier
5 Eigelb
6 Zitronen, Saft und Schale
2 Orangen
350 g Doppelrahm
350 g Zucker

RHABARBERKOMPOTT
1¼ dl Weisswein
100 g Zucker
1 Zimtstange
1 Vanilleschote, ausgekratzt
500 g Rhabarber, geschält, in Stifte geschnitten

MÜRBTEIG
Die Butter mit dem Puderzucker und 100 g Mehl verkneten. Das restliche Mehl und die übrigen Zutaten darunterkneten und den Teig bis zur weiteren Verwendung mindestens 1 Stunde kalt stellen.

ZITRONENGUSS
Alles gut mischen und durch ein Sieb passieren.

RHABARBERKOMPOTT
Alles aufkochen und die Rhabarberstifte gut ziehen lassen.

ZITRONENTARTE
Den Mürbteig auswallen und in den Tarteformen 8–10 Minuten bei 180 °C blind backen. Danach den Zitronenguss einfüllen und im Ofen bei 100 °C ca. 35 Minuten stocken lassen. Nach dem Auskühlen aus der Form nehmen, in Stücke schneiden, mit Puderzucker bestreuen und mit einem Bunsenbrenner karamellisieren.
Mit frischen Erdbeeren und dem Rhabarberkompott servieren.

MARTIN CANDINAS
Nationalrat Kanton Graubünden
Christlichdemokratische Volkspartei der Schweiz (CVP)

CHRISTA MARKWALDER
Nationalrätin Kanton Bern
FDP.Die Liberalen

GÄSTE
Nicole Beutler, Dieter Geering, Caroline Iberg,
Nationalrat Martin Naef, Daniel Piazza, Iso Rechsteiner,
Lukas Schürch, Nationalrätin Aline Trede, Silvio Zala

Nº 6
ROBERT SPETH
kocht mit

NATIONALRAT HUGUES HILTPOLD & NATIONALRAT CHRISTIAN LÜSCHER

VORSPEISE
WOLFSBARSCH IN DER SALZKRUSTE
*mit Safranfenchel und
Artischocken-Tomaten-Ragout*

HAUPTGANG
GEFÜLLTE WACHTEL
*auf jungem Lauch und
Eierschwämmli*

DESSERT
ZITRONEN- UND BEERENTARTELETTEN

Nº 6
VORSPEISE

WOLFSBARSCH IN DER SALZKRUSTE
mit Safranfenchel und Artischocken-Tomaten-Ragout

Für 6–8 Personen als Vorspeise oder für 4 Personen als Hauptgang

WOLFSBARSCH

1 Wolfsbarsch (ca. 2 kg), ausgenommen, Kiemen entfernt
2 Knoblauchzehen, angedrückt
Thymian, Zitronengras oder getrocknetes Fenchelkraut, ganze Stängel bzw. Zweige
6 Eiweiss
1 kg Salz, halb fein/halb grob
40 g Mehl
Salz, Pfeffer aus der Mühle

SAFRANFENCHEL

4 Fenchelknollen, mit Grün
2½ dl Gemüse- oder Geflügelbouillon
80 g Butterflocken
wenige Safranfäden
1 Tomate, gehäutet, in Würfel geschnitten
2 dl Pernod oder Pastis
Salz, Pfeffer aus der Mühle

FENCHEL-BUTTER-SAUCE
Für 2½ dl

2 dl Weisswein
1 dl Noilly Prat
5 dl Fischfond
150 g Butterflocken
1 TL Fenchelkraut, fein geschnitten
Salz, Pfeffer aus der Mühle
etwas Pernod und Weisswein
evtl. wenig Rahm, geschlagen

WOLFSBARSCH

Den Fisch innen leicht würzen, mit Knoblauch und Kräutern füllen und auf ein gefettetes Backblech legen.
Die Eiweisse zu Schnee schlagen, dabei das Salz nach und nach dazugeben, zum Schluss das Mehl unterheben. Den Fisch gleichmässig mit der Eischneemasse einstreichen und im Ofen bei 220 °C 30–40 Minuten garen. Herausnehmen und mindestens 8 Minuten ruhen lassen.

SAFRANFENCHEL

Die äussere Schale der Fenchelknollen entfernen. Das Fenchelgrün klein schneiden und beiseitestellen. Die Fenchelknollen in Scheiben schneiden und in eine flache Pfanne schichten. Die Bouillon angiessen, die Butterflocken und die Safranfäden dazugeben und den Fenchel zugedeckt 12–15 Minuten gar dünsten. Zum Schluss die Tomatenwürfel und das Fenchelkraut beifügen und alles mit Pernod, Salz und Pfeffer abschmecken.

FENCHEL-BUTTER-SAUCE

Weisswein und Noilly Prat zusammen aufkochen und fast vollständig einreduzieren. Den Fischfond dazugiessen und langsam auf einen Viertel einkochen. Mit den Butterflocken im Mixer bei niedriger Drehzahl emulgieren. Zum Schluss das Fenchelkraut beifügen und die Sauce mit Salz und Pfeffer, Pernod und etwas Weisswein abschmecken und eventuell mit wenig Schlagrahm verfeinern.

N° 6
VORSPEISE

ARTISCHOCKEN-TOMATEN-RAGOUT

Blätter und Heu der Artischocken entfernen und die Artischockenböden bis zur Verwendung in Zitronenwasser einlegen.
Die Artischockenböden in feine Ecken schneiden und in heissem Pflanzenöl vorfrittieren. Anschliessend mit den Frühlingszwiebeln und Tomatenvierteln in Olivenöl ansautieren. Mit Blattpetersilie, Salz und Pfeffer vollenden.

Anrichten

Die Salzkruste vom Wolfsbarsch abheben und den Fisch filetieren. Mit der Gemüsegarnitur anrichten und die Fenchel-Butter-Sauce dazu reichen.

Tipp

Anstelle der Fenchel-Butter-Sauce können Sie auch Zitrone und Olivenöl reichen.

ARTISCHOCKEN-TOMATEN-RAGOUT

6 Artischocken
1 Zitrone, Saft
2 dl Pflanzenöl
1 Bund Frühlingszwiebeln, in Scheiben geschnitten
100 g Cherry-Ramati-Tomaten oder Datteri-Tomaten, geviertelt
1 dl Olivenöl
1 Bund Petersilie, fein geschnitten
Salz, Pfeffer aus der Mühle

HAUPTGANG N° 6

GEFÜLLTE WACHTEL
auf jungem Lauch und Eierschwämmli

GEFÜLLTE WACHTEL
8 Wachteln
100 g Butter, zerlassen

Füllung
6 Scheiben Toastbrot, in Würfel geschnitten
2 dl lauwarme Milch
2 TL Schalotten, klein geschnitten
3 EL Butter
4 EL Mango- oder Apfelwürfel
1 EL Blattpetersilie, fein geschnitten
2 Eier
100 g rohe Gänseleber, in Würfel geschnitten

Sauce
6 Schalotten, in Würfel geschnitten
2 Knoblauchzehen, fein geschnitten
2 Zweige Rosmarin, fein geschnitten
etwas Weisswein und Cognac
5 dl brauner Geflügelfond
Salz, Pfeffer, Gewürzmischung

Die Original-Gewürzmischung können Sie im Restaurant Chesery in Gstaad bei Robert Speth bestellen (www.chesery.ch). Anstelle dieser Gewürzmischung kann eine Mischung aus weissem Pfeffer, wenig Curry und Fleur de sel verwendet werden.

LAUCHGEMÜSE
800 g junger Lauch oder Frühlingszwiebeln, in Streifen geschnitten
3 dl frischer Rahm
Salz, Pfeffer, Muskatnuss

EIERSCHWÄMMLI
400 g Eierschwämmli, geputzt
80 g Butter
2 EL Schalotten, fein geschnitten
½ Knoblauchzehe, fein geschnitten
2 EL Blattpetersilie, fein geschnitten

GEFÜLLTE WACHTEL

Für die Füllung die Toastbrotwürfel mit der lauwarmen Milch übergiessen. Die Schalotten in Butter andünsten, Mango- oder Apfelwürfel zugeben, alles mit den übrigen Zutaten mischen.
Die Wachteln vom Rücken her auslösen und die Karkassen für die Sauce beiseitestellen. Das Fleisch mit Salz und Pfeffer würzen, je einen grossen Esslöffel Füllung daraufgeben und die Wachteln wieder in ihre ursprüngliche Form bringen. Die Wachteln mit der offenen Seite nach unten auf ein Stück eingebutterte Alufolie (je ca. 15 × 15 cm) setzen, die Folie von allen Seiten zusammenschieben und die Wachteln so formen. Die gefüllten Wachteln mit zerlassener Butter bestreichen und bei 220 °C 10–12 Minuten im Ofen garen. Anschliessend 5 Minuten ruhen lassen.
Für die Sauce die Karkassen der Wachteln klein hacken und mit den Schalottenwürfeln, Knoblauch und Rosmarin in einem Topf goldbraun rösten. Das Fett abgiessen und die Pfanne mit einem Schuss Weisswein und wenig Cognac ablöschen, den Geflügelfond angiessen und langsam um zwei Drittel einreduzieren. Anschliessend durch ein feines Sieb passieren und die Sauce mit Salz, Pfeffer, Gewürzmischung und Cognac abschmecken. Falls nötig mit etwas Mehlbutter abbinden.

LAUCHGEMÜSE

Die Lauchstreifen mit dem Rahm sämig einkochen und würzen. Anstelle von Lauch eignet sich Wirsing sehr gut.

EIERSCHWÄMMLI

Die Butter in einer Pfanne erhitzen, Schalotten und Knoblauch zugeben, glasig dünsten. Anschliessend die Eierschwämmli zugeben und 2–3 Minuten knackig dünsten. Petersilie zugeben und abschmecken.

Anrichten

Das Lauchgemüse in die Mitte des Tellers geben, die Wachtel daraufsetzen und die Eierschwämmli ringsum verteilen. Mit der Sauce nappieren.

ZITRONEN- UND BEERENTARTELETTEN

MÜRBTEIG

Die Butter mit dem Puderzucker und 100 g Mehl verkneten. Das restliche Mehl und die übrigen Zutaten darunterkneten und den Teig bis zur weiteren Verwendung mindestens 1 Stunde kalt stellen.

FRANCHIPAN

Fürs Franchipan alle Zutaten schaumig rühren.

Tipp

Franchipan kann problemlos tiefgekühlt werden. Vor der Verwendung auftauen und erneut schaumig schlagen.

PATISSERIECREME

Die Milch mit der längs aufgeschnittenen und ausgekratzten Vanilleschote und 150 g Zucker aufkochen.
Die übrigen Zutaten verrühren, die kochende Milchmischung dazugiessen und glatt rühren. Ca. 2 Minuten unter ständigem Rühren kochen. Anschliessend abkühlen lassen, Vanilleschote entfernen und bis zur weiteren Verwendung kalt stellen.
Vor der Weiterverarbeitung glatt rühren oder durch ein Sieb streichen.

ZITRONENTARTELETTEN

Alle Zutaten in einen Topf geben, aufkochen und mit den verquirlten Eiern mischen. Anschliessend langsam aufkochen und 1–2 Minuten leicht köcheln lassen. Durch ein Sieb streichen und bis zur weiteren Verarbeitung kalt stellen.
Die Tarteletten 8–10 Minuten bei 180 °C blind backen und nach dem Auskühlen dünn mit geschmolzener weisser Schokolade auspinseln. Mit der Zitronencreme füllen.

MÜRBTEIG

200 g kalte Butter, in Würfel geschnitten
100 g Puderzucker
300 g Mehl
1 Prise Salz
1 Eigelb

FRANCHIPAN

60 g weiche Butter
40 g Zucker
50 g Marzipan-Rohmasse
1 Ei
etwas Vanillemark
35 g Mehl
wenig Salz,
etwas abgeriebene Zitronenschale

PATISSERIECREME

5 dl Milch
½ Vanilleschote, ausgekratzt
125 g Zucker
3 Eigelb
1 Ei
30 g Vanillecremepulver oder Maizena
20 g Mehl
1 Prise Salz

ZITRONENTARTELETTEN

Für 20 kleine Tarteletteformen

2 Zitronen, Schale
1 dl Zitronensaft
170 g Zucker
150 g Butter
3 Eier, verquirlt
100 g weisse Schokolade

BEERENTARTELETTEN
Für 20 kleine Tarteletteformen

500 g Beeren Ihrer Wahl
Puderzucker zum Bestreuen

BEERENTARTELETTEN
Den Mürbteig dünn ausrollen und die Förmchen damit auslegen. Die schaumig geschlagene Franchipanmasse in einen Spritzsack füllen und die Förmchen damit einspritzen. 8–10 Minuten bei 180 °C goldgelb backen. Noch warm aus den Förmchen nehmen.
Die Tarteletten mit Patisseriecreme bestreichen und mit den Beeren Ihrer Wahl belegen. Anschliessend mit Puderzucker bestreuen.

Tipp
Anstelle der Patisseriecreme können Sie Abricoture verwenden.

HUGUES HILTPOLD
Nationalrat Kanton Genf
FDP.Die Liberalen

CHRISTIAN LÜSCHER
Nationalrat Kanton Genf
FDP.Die Liberalen

GÄSTE
Ständerat Robert Cramer, Claudine Esseiva, Nationalrat Laurent Favre (bis Dezember 2014), Norina Frey,
Ludovic Rocchi, Danielle Perrette, Ständerat Luc Recordon

ROBERT SPETH
kocht mit

NATIONALRÄTIN EVI ALLEMANN & NATIONALRÄTIN CHANTAL GALLADÉ

VORSPEISE
TATAR
*von Lachs, Thunfisch
und Avocado*

HAUPTGANG
KALBSBÄGGLI
mit Blumenkohlpüree

DESSERT
MACARON
mit Beeren

TATAR

von Lachs, Thunfisch und Avocado

LACHSTATAR
400 g Lachsfilet
wenig abgeriebene Zitronenschale
0,8 dl Olivenöl
1–2 TL Schnittlauch, fein geschnitten
Meersalz, Pfeffer

THUNFISCHTATAR
400 g Thunfischfilet
1–2 EL salzige Sojasauce
0,4 dl Olivenöl
1 TL Wasabipulver

AVOCADOTATAR
2 reife Avocados
1 Zitrone, Saft
Salz

Marinade
1 Zitrone, Saft
1 dl Olivenöl, am besten aus Ligurien
Salz, Pfeffer aus der Mühle

Garnitur
100 g Blattsalate, gezupft
100 g Felchen- oder Forellenkaviar
Toastbrot oder Brioche

LACHSTATAR

Das Lachsfilet in feine Würfel schneiden und mit den übrigen Zutaten zu einem Tatar verarbeiten.

THUNFISCHTATAR

Das Thunfischfilet in feine Würfel schneiden und mit den übrigen Zutaten zu einem Tatar verarbeiten.

AVOCADOTATAR

Die Avocados entkernen, schälen und anschliessend klein schneiden oder mit der Gabel zerdrücken. Mit Salz und Zitronensaft abschmecken.

Anrichten

Mithilfe eines Ausstechers die drei Tatar zu einem Turm zusammensetzen. Mit etwas gezupften Blattsalaten umlegen und mit der Marinade beträufeln. Mit einem Löffel Felchen- oder Forellenkaviar vollenden und mit Toast oder Brioche servieren.

KALBSBÄGGLI
mit Blumenkohlpüree

KALBSBÄGGLI
8–16 Kalbsbäggli
300 g Karotten
300 g Zwiebeln
½ Knollensellerie
2 Lauchstangen
2 EL Tomatenmark
2 l Kalbsfond
3 Knoblauchzehen, angedrückt
½ Bund Thymian
½ Bund Rosmarin
2 Lorbeerblätter
5 Wacholderbeeren
1 l Rotwein
3 dl Portwein
wenig abgeriebene Orangenschale
1 Bund Frühlingszwiebeln
Pflanzen- oder Olivenöl
Butter und Gemüsefond zum Dünsten
Salz, Pfeffer, Mehl

BLUMENKOHLPÜREE
2 Blumenkohle
1 dl Rahm
100 g Butter
Salz, Pfeffer, Muskatnuss
etwas abgeriebene Zitronenschale
evtl. einige Pilze

KALBSBÄGGLI

Die Kalbsbäggli parieren, mit Salz und Pfeffer würzen, bemehlen und ringsum in Öl anbraten. Die Hälfte des Gemüses in Würfelstifte schneiden (ca. 3 × 3 mm), die andere Hälfte zu Mirepoix schneiden. Das Mirepoix in einem Bräter in Öl anschwitzen, Tomatenmark beifügen und mitrösten. Anschliessend mit wenig Rotwein ablöschen. Die angebratenen Kalbsbäggli auf das Mirepoix setzen, mit Kalbsfond angiessen und aufkochen. Knoblauch, Thymian und Rosmarin, Lorbeerblätter und Wacholderbeeren zugeben und zugedeckt im Ofen bei niedriger Hitze (ca. 150 °C) ca. 1 ½ Stunden gar schmoren. In der Zwischenzeit Rotwein und Portwein völlig einreduzieren. Sobald die Bäggli gar sind, aus dem Ofen nehmen und im Fond auskühlen lassen. Die ausgekühlten Bäggli aus dem Fond nehmen und zur Seite stellen. Den Fond mitsamt dem Gemüse durch ein Spitzsieb drücken und anschliessend zur Rotwein-Portwein-Reduktion geben. Aufkochen, mixen und mit Salz, Pfeffer, Knoblauch, Rotwein und etwas abgeriebener Orangenschale abschmecken. Die fertige Sauce über die Bäggli giessen und warm stellen.
Die beiseitegestellten Gemüsestifte in Butter und Gemüsefond weich dünsten. Die Frühlingszwiebeln in Scheiben schneiden, ebenfalls kurz andünsten und würzen.

BLUMENKOHLPÜREE

Etwas Blumenkohl mit einer Mandoline oder einem Hobel fein hobeln und für die Garnitur beiseitestellen. Den Rest des Blumenkohls in Würfel schneiden und in Salzwasser weich dünsten. Den Blumenkohl abgiessen und in einem sauberen Küchentuch auspressen.
Den noch heissen Blumenkohl mit dem Rahm und der Butter im Mixer pürieren. Mit Salz, Pfeffer, Muskatnuss und abgeriebener Zitronenschale würzen.

Anrichten

Die Kalbsbäggli auf dem Blumenkohlpüree anrichten. Die gedünsteten Gemüse und Frühlingszwiebeln darübergeben und das Gericht mit dem fein gehobelten Blumenkohl vollenden. Nach Belieben einige Pilze kurz in wenig Olivenöl ansautieren, abschmecken und über das Gericht verteilen.

MACARON
mit Beeren

Für 25–30 Macaron-Schalen

3 Eiweiss von grossen Eiern
1 Prise Salz
160 g Zucker
Mandelblätter zum Bestreuen

Garnitur
500 g gemischte Beeren
Puderzucker
8 Kugeln Sorbet nach Wahl
400 g Doppelrahm

Eiweiss mit einer Prise Salz schaumig schlagen. Nach und nach 120 g Zucker dazugeben und mitschlagen. Den Rest des Zuckers unterheben und die Masse sofort weiterverarbeiten.

Die Eischneemasse mit einer Lochtülle Grösse 9 oder 10 auf Backpapier rund aufdressieren, mit Mandelblättern bestreuen und im Ofen bei 130–140 °C ca. 2 Stunden bei halb geöffneter Backofentür backen bzw. trocknen. Die Macarons sollten innen noch leicht weich sein. Bis zur weiteren Verwendung an einem trockenen und warmen Ort lagern.

Beeren mit etwas Puderzucker marinieren und in tiefen Tellern anrichten. Eine Macaron-Halbschale auf die Beeren setzen, eine Sorbetkugel daraufgeben und mit einer zweiten Macaron-Schale bedecken. Doppelrahm darüberträufeln und mit Puderzucker bestäuben.

EVI ALLEMANN
Nationalrätin Kanton Bern
Sozialdemokratische Partei der Schweiz (SP)

CHANTAL GALLADÉ
Nationalrätin Kanton Zürich
Sozialdemokratische Partei der Schweiz (SP)

GÄSTE
Nicole Beutler, Nationalrat Roland Borer, Nationalrat Andrea Caroni, Nationalrat Roland Fischer,
Nationalrat Beat Flach, Laura Grüter, Nationalrätin Ursula Haller (bis November 2014),
Nationalrat Thomas Hurter, Ronny Kaufmann, Iso Rechsteiner

ROBERT SPETH
kocht mit

STÄNDERAT CHRISTIAN LEVRAT & NATIONALRAT JEAN CHRISTOPHE SCHWAAB

MENÜ N° 8

VORSPEISE

SALAT VON GRÜNEM UND WEISSEM SPARGEL

mit Lachs- und Thunfischtatar

HAUPTGANG

SEETEUFEL

auf mediterrane Art

DESSERT

APRIKOSENTARTE

mit Vanilleglace

SALAT VON GRÜNEM UND WEISSEM SPARGEL

mit Lachs- und Thunfischtatar

SPARGELSALAT
24 grüne Spargelspitzen, gekocht
24 weisse Spargelspitzen, gekocht
Olivenöl
Zitronensaft
Salz, Pfeffer
wenig Wasabi
etwas Kresse und Sakurakresse

LACHSTATAR
200 g Lachsfilet
wenig abgeriebene Zitronenschale
0,2 dl Olivenöl
1 TL Schnittlauch, fein geschnitten
Meersalz, Pfeffer

THUNFISCHTATAR
200 g Thunfischfilet
1 EL salzige Sojasauce
0,2 dl Olivenöl
1 TL Wasabipulver

SPARGELSALAT

Die gekochten Spargelspitzen mit Olivenöl, Zitronensaft, Salz und Pfeffer marinieren.

LACHSTATAR

Das Lachsfilet in feine Würfel schneiden und mit den übrigen Zutaten zu einem Tatar verarbeiten.

THUNFISCHTATAR

Das Thunfischfilet in feine Würfel schneiden und mit den übrigen Zutaten zu einem Tatar verarbeiten.

Anrichten

Die marinierten Spargelspitzen mit den beiden Tatar gefällig anrichten. Einen Strich Wasabi und etwas Kresse oder Salat als Garnitur verwenden.

SEETEUFEL
auf mediterrane Art

SEETEUFEL
2 Seeteufel à ca. 1,2 kg, pariert,
am Knochen
etwas Mehl
1 Knoblauchzehe, angedrückt
1 Zweig Thymian
wenig Weisswein
Olivenöl
Salz, Pfeffer

FISCH-BUTTER-SUD
1 ¼ dl Weisswein
0,4 dl Noilly Prat
4 dl Fischfond
300 g Butterflocken
½ Zitrone, Saft und Schale
Salz, Pfeffer

TOMATENWÜRFEL
600 g Tomatenwürfel
2 EL Küchenkräuter
Salz, Pfeffer
Olivenöl

MEDITERRANES GEMÜSE
3 Zucchetti, ohne Kernhaus,
in Würfel geschnitten
2 rote Peperoni, geschmort, gehäutet,
in Würfel geschnitten
2 gelbe Peperoni, geschmort, gehäutet,
in Würfel geschnitten
2 Auberginen, in Ecken geschnitten
15 Cherry-Ramati-Tomaten, geviertelt
2 dl Olivenöl
1 Knoblauchzehe, fein geschnitten
1 Bund Basilikum, grob geschnitten
Salz, Pfeffer

SEETEUFEL

Den Seeteufel würzen, bemehlen und ringsum in Olivenöl anbraten. Danach in eine feuerfeste Form legen. Knoblauch, Thymian und wenig Weisswein zugeben und den Fisch im Ofen 15–20 Minuten bei 200 °C à point garen. Die Kerntemperatur sollte dabei maximal 58 °C erreichen. Den Fisch aus dem Ofen nehmen und warm stellen.

FISCH-BUTTER-SUD

Den Bratansatz mit Weisswein und Noilly Prat ablöschen und einreduzieren. Mit dem Fischfond angiessen, aufkochen und abpassieren. Die Butterflocken zugeben und mit dem Stabmixer aufmontieren. Mit Salz, Pfeffer, Zitronensaft und -schale abschmecken.

TOMATENWÜRFEL

Die Tomatenwürfel und die fein geschnittenen Küchenkräuter in wenig Olivenöl weich dünsten, mit Salz und Pfeffer würzen.

MEDITERRANES GEMÜSE

Die Gemüsewürfel pro Sorte in Olivenöl ansautieren, mit Salz, Pfeffer und Knoblauch würzen. Alles gemischt mit den Tomatenvierteln in eine feuerfeste Form geben und 15 Minuten im Ofen bei 180 °C schmoren. Zum Schluss das Basilikum untermischen, abschmecken und mit wenig Olivenöl beträufeln.

Anrichten

Den Seeteufel tranchieren. Die Tomatenwürfel auf den Seeteufel geben und diesen auf dem mediterranen Gemüse anrichten. Mit dem Fisch-Butter-Sud nappieren.

APRIKOSENTARTE
mit Vanilleglace

FRANCHIPAN
60 g weiche Butter
40 g Zucker
50 g Marzipan-Rohmasse
1 Ei
etwas Vanillemark
35 g Mehl
wenig Salz
etwas abgeriebene Zitronenschale

APRIKOSENTARTE
8 Blätterteigböden
à 12–14 cm Durchmesser
200 g Franchipan
500 g Aprikosen, entsteint,
in Spalten geschnitten
etwas Zimtzucker
5 dl leicht geschlagener Rahm
oder Doppelrahm
Puderzucker zum Bestäuben
einige Pistazienkerne, gehackt
8 Kugeln Vanilleglace
oder Glace Ihrer Wahl

FRANCHIPAN

Fürs Franchipan alle Zutaten schaumig rühren.

Tipp

Franchipan kann problemlos tiefgekühlt werden. Vor der Verwendung auftauen und erneut schaumig schlagen.

APRIKOSENTARTE

Die Blätterteigböden dünn mit Franchipan bestreichen und mit Aprikosenspalten belegen. Einige Spalten für die Garnitur zur Seite legen. Die Tartes mit Zimtzucker bestreuen und bei ca. 200 °C im Ofen backen, bis der Boden goldgelb ist.
Die beiseitegelegten Aprikosenspalten nach Belieben karamellisieren: 2 EL Zucker in einer Pfanne schmelzen, mit 0,4 dl Weisswein und etwas Cognac ablöschen. Wenn der Karamell sich aufgelöst hat, die Aprikosenfilets darin schwenken.
Einen dünnen Spiegel leicht geschlagenen Rahm auf die Teller geben. Die Aprikosentartes mit Puderzucker bestäuben und auf den Rahmspiegeln anrichten. Mit Aprikosenfilets und gehackten Pistazien garnieren. Dazu die Glace Ihrer Wahl servieren.

Tipp

Anstelle von Aprikosen können auch andere Früchte wie Zwetschgen, Birnen, Pfirsiche usw. verwendet werden.

CHRISTIAN LEVRAT
Ständerat Kanton Freiburg
Sozialdemokratische Partei der Schweiz (SP)

JEAN CHRISTOPHE SCHWAAB
Nationalrat Kanton Waadt
Sozialdemokratische Partei der Schweiz (SP)

GÄSTE
**Nationalrätin Cesla Amarelle, Claudine Esseiva, Leyla Gül, Pascal Krauthammer,
Stefan Nünlist, Elsa Collet Schwaab, Walter Stüdeli, Flavia Wasserfallen, Béatrice Wertli**

ROBERT SPETH
kocht mit

NATIONALRÄTIN NADJA PIEREN & NATIONALRAT ALBERT RÖSTI

VORSPEISE

KAROTTEN-INGWER-SUPPE

HAUPTGANG

KALBSKARREE

mit Pilzen, Spinat und Kartoffelgratin

DESSERT

CRÊPES

mit Heidelbeeren

KAROTTEN-INGWER-SUPPE

800 g Karotten, in Stücke geschnitten
100 g Zwiebeln, grob gehackt
1 Knoblauchzehe, grob gehackt
60 g frischer Ingwer, in Stücke geschnitten
¼ Chilischote
¼ TL Korianderkörner
0,4 dl Erdnuss- oder Sonnenblumenöl
1½ l Geflügelbouillon
1 l Karottensaft (z.B. Biotta)
frischer Koriander, Zitronengras, Ingwerwürfel
Limettensaft, abgeriebene Orangenschale
Salz, Pfeffer
40 g Butterflocken
evtl. wenig Rahm, geschlagen

8 halbe Wildwasserkrevetten
Sesamöl

Karotten, Zwiebeln, Knoblauch, Ingwer, Chili und Koriander im Öl andünsten. Mit Geflügelbouillon und Karottensaft aufgiessen und 35–45 Minuten leicht köcheln lassen.
Alles im Mixglas mixen und passieren. Grob gehackten Koriander, gequetschtes Zitronengras und Ingwerwürfel in die heisse Suppe geben und diese 30 Minuten parfümieren.
Die Suppe erneut passieren und mit Limettensaft, Orangenschale, Salz und Pfeffer abschmecken. Mit den Butterflocken aufmixen und nach Belieben mit wenig geschlagenem Rahm vollenden.
Die Wildwasserkrevetten in Sesamöl kurz ansautieren und auf einem Zitronengrasspiess über der Suppe platzieren.

KALBSKARREE
mit Pilzen, Spinat und Kartoffelgratin

KALBSKARREE MIT PILZEN UND SPINAT

1,8–2 kg Kalbskarree am Stück
500 g Mirepoix
1 ¼ dl Weisswein
5 dl brauner Kalbsfond
etwas Rotwein
Salz, Pfeffer
Pflanzenöl

400 g gemischte Pilze (z.B. Steinpilze, Eierschwämmli oder Austernpilze)
2 EL Schalotten, fein geschnitten
½ Knoblauchzehe, fein geschnitten
0,8 dl Olivenöl
1 EL Küchenkräuter, fein geschnitten
400 g Blattspinat
0,4 dl Olivenöl

KARTOFFELGRATIN

1 kg Kartoffeln, mehligkochend
Salz, Pfeffer, Muskatnuss
1 Knoblauchzehe
30 g Butter
5 dl Rahm
4 dl Milch
50 g Käse, gerieben

KALBSKARREE MIT PILZEN UND SPINAT

Das Kalbskarree mit Salz und Pfeffer würzen und in einer Pfanne in Pflanzenöl ringsum goldbraun anbraten.

Das Fleisch in einem Bräter auf das Mirepoix setzen, mit wenig Weisswein angiessen und im vorgeheizten Ofen bei 200 °C bis zu einer Kerntemperatur von 46 °C garen (Dauer ca. 25 Minuten). Danach das Karree auf ein Gitter setzen und an einem warmen Ort ruhen lassen.

Den Bratansatz und das Mirepoix mit Weisswein ablöschen und mit dem Kalbsfond angiessen, aufkochen und langsam bis zur gewünschten Konsistenz einkochen. Abpassieren und mit Salz, Pfeffer, Rotwein und eventuell ein wenig Essig abschmecken.

Die Pilze in Stücke schneiden, mit Schalotten und Knoblauch in Olivenöl ansautieren, abschmecken und mit den Kräutern vollenden. Den Spinat waschen, zupfen und in Olivenöl kurz ansautieren, abschmecken.

Vor dem Anrichten das Kalbskarree nochmals 8–10 Minuten bei 160–180 °C in den Ofen geben und anschliessend auftranchieren. Mit den Pilzen, dem Spinat und dem Kartoffelgratin anrichten.

KARTOFFELGRATIN

Die Kartoffeln schälen und in 2–3 mm dicke Scheiben schneiden. Eine feuerfeste Form mit einer Knoblauchzehe ausreiben und ausbuttern. Die Kartoffelscheiben mit Salz, Pfeffer und Muskatnuss würzen und locker in die Form schichten (2–3 cm hoch).

Rahm und Milch aufkochen, mit Salz und Pfeffer würzen und mit Muskatnuss abschmecken.

Die Mischung mixen und noch heiss über die Kartoffelscheiben giessen, bis diese knapp bedeckt sind. Das Gratin bei 170 °C im Ofen 30–40 Minuten goldgelb backen. 2–3 Minuten vor Ende der Backzeit den geriebenen Käse darüberstreuen. Sobald der Käse geschmolzen und goldgelb ist, das Gratin aus dem Ofen nehmen und sofort servieren.

CRÊPES
mit Heidelbeeren

CRÊPES
Für ca. 20 Stück à 20 cm Durchmesser

3 Eier
3 Eigelb
200 g Mehl
5 dl Milch
1 Prise Salz
½ Vanilleschote, Mark
60 g Butter, zerlassen
wenig Öl zum Backen
Vanillezucker zum Bestreuen

Garnitur
600 g Heidelbeeren
120 g Zucker
50 g Butterflocken
1 Zitrone, Saft und Schale
0,2 dl Rum
Puderzucker zum Bestreuen
8 Kugeln Vanilleglace

CRÊPES

Alles ausser der Butter glatt rühren. Zum Schluss die zerlassene Butter zugeben, gut unterrühren und dabei darauf achten, dass keine Klumpen entstehen. Den Teig 30 Minuten ruhen lassen. Anschliessend dünne Crêpes backen. Die Crêpes nach Belieben mit Vanillezucker bestreuen und warm stellen.

Anrichten

Den Zucker karamellisieren, die Butterflocken zugeben, mit Zitronensaft und Rum ablöschen, aufkochen und, sobald der Karamell sich gelöst hat, die Heidelbeeren darin schwenken und etwas Zitronenschale darüberreiben.
Pro Teller 2 warme Crêpes mit den Heidelbeeren anrichten, mit Puderzucker bestreuen und mit einer Kugel Vanilleglace vollenden.

NADJA PIEREN
Nationalrätin Kanton Bern
Schweizerische Volkspartei (SVP)

ALBERT RÖSTI
Nationalrat Kanton Bern
Schweizerische Volkspartei (SVP)

GÄSTE
Michael Hug, Margrit Lobsiger, Brigitte Neuenschwander,
Paul Neuenschwander, Walter Pieren, Ursula Pieren, Theres Rösti

Nº 10
ROBERT SPETH
kocht mit

NATIONALRAT MATTHIAS AEBISCHER & NATIONALRÄTIN ALINE TREDE

VORSPEISE
NUDELN
mit Meeresfrüchten

HAUPTGANG
STREIFEN VOM SIMMENTALER RIND
«Japanese Style»

DESSERT
PANNACOTTA
mit Heidelbeeren

NUDELN
mit Meeresfrüchten

NUDELN

Calamaretti und Krevetten mit dem Muschelfleisch und -fond aufkochen. Tomatenconcassé, Schalotten und Petersilie zugeben und mit dem Peperoncino und Knoblauch würzen.
Alles mit den frisch gekochten Tagliatelle schwenken.
Die Scampi in Butter oder Olivenöl ansautieren und je einen auf die angerichteten Nudeln geben.
Zum Schluss etwas Zitronenschale darüberreiben und mit wenig Olivenöl beträufeln.

MUSCHELN

Die geputzten Muscheln abspülen. In einem grossen Topf das Olivenöl erhitzen, Knoblauch, Thymian und Chilischote zugeben. Die Muscheln in den Topf geben, mit Weisswein ablöschen und sofort mit einem Deckel verschliessen.
Sobald die Muscheln sich im Dampf geöffnet haben (3–4 Minuten), den Fond durch ein feines Sieb passieren. Das Muschelfleisch ausbrechen und bis zur weiteren Verarbeitung im Fond aufbewahren.

NUDELN

600 g Tagliatelle (als Hauptgang 800 g)
250 g Calamaretti, in Ringe geschnitten
oder
250 g Pulpo, gekocht,
in Stücke geschnitten
4 Wildwasserkrevetten,
klein geschnitten
500 g Muschelfleisch,
ausgebrochen, mit Fond
100 g Tomatenconcassé
1 EL Schalotten, fein geschnitten
1 Bund Blattpetersilie, fein geschnitten
1 Peperoncino,
entkernt, fein geschnitten
etwas Knoblauch
8 Scampi oder andere Krustentiere,
ohne Schale
50 g Butter oder Olivenöl
etwas abgeriebene Zitronenschale

MUSCHELN

500 g Miesmuscheln
500 g Vongole
1 dl Olivenöl
1 Knoblauchzehe, angedrückt
1 Zweig Thymian
1 Chilischote, längs halbiert
1 ¼ dl Weisswein

HAUPTGANG

STREIFEN VOM SIMMENTALER RIND

«Japanese Style»

SÜSSKARTOFFELSTAMPF

Die Süsskartoffeln in Salzwasser oder im Kombisteamer gut weich kochen. Anschliessend mit einer Gabel oder einem Kartoffelstampfer mit dem Olivenöl, der Butter und der Petersilie zerstampfen.
Mit Pfeffer und Fleur de sel würzen.
Zum Anrichten mit zwei Esslöffeln Nocken abstechen.

SIMMENTALER RIND

Das Rindfleisch in 4–5 cm breite Stücke schneiden, mit Salz und Pfeffer würzen und in wenig Pflanzenöl scharf anbraten. Die Fleischstücke auf einem Gitter ca. 5 Minuten in den 200 °C heissen Backofen stellen, danach herausnehmen und ca. 10 Minuten ruhen lassen.
In der Zwischenzeit etwas Butter zum Bratansatz geben und die Schalotten darin andünsten. Mit etwas Sojasauce ablöschen, den Kalbsfond zugeben, alles einreduzieren und mit Butter montieren. Mit Limettensaft und -schale sowie Ingwer abschmecken. Die Pak Choi halbieren, blanchieren, abtrocknen und in wenig Pflanzenöl kurz anbraten. Mit etwas Sojasauce abschmecken und mit gerösteten Sesam bestreuen. Die Sojasprossen und den Spinat kurz ansautieren und mit Sojasauce würzen. Die Shiitakepilze über Kreuz einschneiden, grillieren und mit Salz und Pfeffer würzen. Das vorgebratene Fleisch nochmals kurz in einer heissen Pfanne wenden und in ca. 1 cm breite Streifen schneiden. Mit Pak Choi, Sojasprossen und Spinat anrichten. Die Shiitakepilze darüberverteilen. Mit wenig Sauce angiessen oder diese separat dazu servieren.

Tipp
Als Beilage eignet sich auch Jasminreis (siehe Seite 28).

SÜSSKARTOFFELSTAMPF
500 g Süsskartoffeln, geschält
4 EL Olivenöl
1 EL Butter
Pfeffer aus der Mühle
Fleur de sel

SIMMENTALER RIND
1,6–2 kg Simmentaler Rindsentrecôte oder -filet
1 EL Schalotten, fein geschnitten
5 dl Kalbsfond
80–100 g Butter
1 Limette, Saft und Schale
1 EL Ingwer, fein geschnitten
4–8 Mini-Pak-Choi (Senfkohl)
etwas gerösteter Sesam
250 g Sojasprossen
300 g Blattspinat
100 g Shiitakepilze
Salz, Pfeffer
Pflanzenöl, Butter
Sojasauce

PANNACOTTA
mit Heidelbeeren

Rahm, Zucker, Vanillemark und Salz aufkochen und um die Hälfte einreduzieren. Die eingeweichte und leicht ausgedrückte Gelatine zugeben, die Masse glatt rühren und den übrigen Rahm dazugiessen. In Gläser oder kleine Porzellantöpfe füllen und kalt stellen.
Vor dem Servieren die Gläser mit Heidelbeeren, Fruchtcoulis oder anderen Beeren vollenden. Mit Puderzucker bestreuen und mit Minze oder Zitronenmelisse ausgarnieren.

$2\frac{1}{2}$ dl Rahm
100 g Zucker
1 Vanilleschote, Mark
1 Prise Salz
3 Blatt Gelatine, eingeweicht
7 dl Rahm
Heidelbeeren, Fruchtcoulis
oder Beeren Ihrer Wahl
Puderzucker zum Bestreuen
etwas frische Minze
oder Zitronenmelisse

ALINE TREDE
Nationalrätin Kanton Bern
Grüne Partei der Schweiz (GPS)

MATTHIAS AEBISCHER
Nationalrat Kanton Bern
Sozialdemokratische Partei der Schweiz (SP)

GÄSTE
Peter Balzli, Nicole Beutler, Nationalrat Martin Candinas, Anne Günter, Stefan Kilchenmann, Markus Maurer, Iso Rechsteiner, Ueli Salzmann, Lukas Schürch

NATIONALRAT THOMAS HARDEGGER & NATIONALRAT THOMAS WEIBEL

VORSPEISE
GAZPACHO
mit bretonischem Hummer

HAUPTGANG
PERLHUHNBRUST
*auf Sauerkraut,
Kartoffelpüree und glasierten Maroni*

DESSERT
BIRNENCHARLOTTE
auf Vanille- und Schokoladensauce

GAZPACHO
mit bretonischem Hummer

GAZPACHO
400 g Salatgurke, ungeschält, gewaschen, längs halbiert, entkernt
150 g rote Peperoni, geschmort, gehäutet
150 g gelbe Peperoni, geschmort, gehäutet
400 g Tomaten, gehäutet, entkernt
500 g gehackte Pflaumentomaten (San Marzano) oder Tomatensaft
1 l Consommé double, entfettet, oder Bouillon
Salz, Ketchup, Chilisauce, Tabasco
wenig Balsamicoessig
wenig Knoblauch, fein gerieben

BRETONISCHER HUMMER
4 bretonische Hummer à 400–600 g
Salz, Pfeffer
1 Zitrone, Saft
Olivenöl

ZUCCHINI
2 Zucchini, in Scheiben geschnitten
Olivenöl

GAZPACHO

Die Gemüse in grobe Würfel schneiden, salzen, mit der kalten Consommé und den gehackten Tomaten angiessen und 12 Stunden im Kühlschrank ziehen lassen.
Im Mixer nicht allzu fein pürieren und mit den übrigen Zutaten abschmecken. Die Suppe in tiefen Tellern anrichten.

Tipp

Die gemixte Suppe hält sich sehr gut 3–4 Tage im Kühlschrank. Vor dem Servieren nochmals mit etwas Essig und Salz abschmecken.

BRETONISCHER HUMMER

Die Hummer in reichlich kochendes Salzwasser geben, einmal aufkochen und am Herdrand abkühlen lassen.
Die ausgekühlten Hummer halbieren, Schwanz und Schale ausbrechen und in Medaillons schneiden. Die Medaillons mit Salz, Pfeffer, Zitronensaft und Olivenöl marinieren.

ZUCCHINI

Die Zucchinischeiben in wenig Olivenöl marinieren und in einer Grillpfanne beidseitig anbraten. Zur Seite stellen.

Anrichten

Die gegrillten Zucchinischeiben auf die Gazpacho legen und die Hummermedaillons darauf anrichten. Die Hummermedaillons nach Belieben auf einem Zitronengrasspiess aufspiessen. Getoastete Weissbrotscheiben dazu servieren.

HAUPTGANG

PERLHUHNBRUST

*auf Sauerkraut,
Kartoffelpüree und glasierten Maroni*

SAUERKRAUT

Das Sauerkraut gut abspülen und wässern, danach mit Butter und Zwiebelwürfeln andünsten. Mit Weisswein, Apfelsaft und etwas Wasser angiessen. Speck, geraffelte Äpfel und Gewürzbeutel zugeben und das Sauerkraut zugedeckt bei niedriger Hitze weich dünsten (ca. 2 Stunden). Sobald das Sauerkraut gar ist, Speck und Gewürzbeutel entfernen. Mit etwas Weisswein, Apfelsaft, Salz und Pfeffer abschmecken. Eventuell mit etwas Butter montieren.

Tipp

Das Sauerkraut zum Schluss mit etwas Champagner zu Champagnerkraut oder mit etwas geschlagenem Rahm zu Rahmsauerkraut vollenden.

KARTOFFELPÜREE

Die Kartoffeln schälen, in grosse Würfel schneiden und in Salzwasser weich kochen. Abgiessen und ausdämpfen lassen. Mit der heissen Milch und der Butter zu einem cremigen Püree verarbeiten. Je nach Stärkegehalt der Kartoffeln kann die benötigte Milchmenge etwas variieren.
Mit Salz, Pfeffer und Muskatnuss abschmecken.

SAUERKRAUT

1 kg rohes Sauerkraut
100 g Butter
1 Zwiebel, in Würfel geschnitten
1 ¼ dl Weisswein
1 ¼ dl Apfelsaft
1 Kochspeck oder Speckschwarte
2 Äpfel, geschält, geraffelt
1 kleiner Gewürzbeutel mit Lorbeer, Wacholder, Kümmel und Gewürznelke
Salz, Pfeffer

KARTOFFELPÜREE

800 g Kartoffeln, mehligkochend
ca. 3 dl heisse Milch
100 g Butter
Salz, Pfeffer, Muskatnuss

HAUPTGANG

GLASIERTE MARONI
350 g Maroni
120 g Zucker
¼ dl Wasser
Kirschwasser
Zitronensaft
1 EL Doppelrahm
oder geschlagener Rahm

PERLHUHNBRUST
8 Perlhuhnbrüste
etwas Pflanzenöl
1 Zitrone, Schale
Salz, Pfeffer
1¼ dl Geflügelglace
evtl. kleine Croûtons von Speck und
Toastbrot zur Garnitur

GLASIERTE MARONI

Den Zucker karamellisieren, mit Wasser ablöschen, die Maroni zugeben und im Zuckersud weich kochen.
Die Maroni herausnehmen, sobald sie weich sind, den Fond sirupartig einkochen, wieder mit den Maroni mischen und mit etwas Zitronensaft und Kirschwasser abschmecken.
Direkt vor dem Servieren mit Doppelrahm oder geschlagenem Rahm vollenden.

PERLHUHNBRUST

Die Perlhuhnbrüste mit Salz und Pfeffer würzen und auf der Hautseite in etwas Pflanzenöl goldbraun anbraten, wenden und für 8–10 Minuten in den 180 °C heissen Backofen geben. Aus dem Ofen nehmen und vor dem Anrichten etwas Zitronenschale darüberreiben.

Anrichten

Perlhuhnbrust auf dem Sauerkraut zusammen mit dem Kartoffelpüree und den glasierten Maroni anrichten. Geflügelglace aufkochen und die Perlhuhnbrüste damit nappieren. Nach Belieben mit kleinen Croûtons von Speck und Toastbrot garnieren.

BIRNENCHARLOTTE
auf Vanille- und Schokoladensauce

MÜRBTEIG

Die Butter mit dem Puderzucker und 100 g Mehl verkneten. Das restliche Mehl und die übrigen Zutaten darunterkneten und den Teig bis zur weiteren Verwendung mindestens 1 Stunde kalt stellen.

BIRNEN

Alle Zutaten aufkochen und die vorbereiteten Birnen darin am Siedepunkt weich kochen. Im Fond auskühlen lassen. Die ausgekühlten Birnen in Spalten schneiden.

CHARLOTTE

Den Mürbteig entsprechend der gewählten Form und Grösse ca. 3 mm dick auswallen und 8–10 Minuten bei 180 °C goldgelb backen. In den Metallrahmen legen und mit pochierten Birnenspalten belegen.

MÜRBTEIG

200 g kalte Butter, in Würfel geschnitten
100 g Puderzucker
300 g Mehl
1 Prise Salz
1 Eigelb

BIRNEN

8 reife Williamsbirnen, geschält, entkernt
5 dl Weisswein
5 dl Wasser
250 g Zucker
½ Vanilleschote, Mark
½ Zimtstange
1 Zitrone, Saft

CHARLOTTE

Für 1 Metallrahmen (ca. 30 × 10 cm, 5 cm hoch) oder 1 Tortenring à 30 cm Durchmesser

DUNKLE MOUSSE

1 Eigelb
1 Ei
1 EL Wasser
0,2 dl Rum
1 Espresso
200 g Kuvertüre, 70 % Kakaoanteil
3 ½ dl Rahm, leicht geschlagen

WEISSE MOUSSE

1 Eigelb
1 Ei
1 EL Wasser
0,4 dl Williams
2 Blatt Gelatine, eingeweicht
220 g weisse Kuvertüre
4 dl Rahm, leicht geschlagen

DUNKLE MOUSSE

Eigelb, ganzes Ei und Wasser mischen und im Wasserbad warm schlagen. Rum und Espresso zugeben und glatt rühren. Die Kuvertüre über dem Wasserbad schmelzen und zugeben. Zum Schluss den leicht geschlagenen Rahm unterziehen. Die Mousse auf die Birnenspalten verteilen, glatt streichen und kalt stellen.

WEISSE MOUSSE

Eigelb, ganzes Ei und Wasser mischen und im Wasserbad warm schlagen. Williams und die eingeweichte und leicht ausgedrückte Gelatine zugeben und glatt rühren. Die Kuvertüre über dem Wasserbad schmelzen und zugeben. Zum Schluss den leicht geschlagenen Rahm unterziehen. Die weisse Mousse auf der dunklen Mousse verteilen und glatt streichen. Mindestens 6 Stunden kalt stellen.

Anrichten

Den Metallrahmen entfernen, die Birnencharlotte mit einem heissen Messer in gleichmässige Stücke schneiden und nach Belieben mit Vanille- und Schokoladensauce anrichten. Mit den restlichen pochierten Birnenspalten umlegen und nach Belieben mit frischer Minze und Beeren ausgarnieren.

THOMAS HARDEGGER
Nationalrat Kanton Zürich
Sozialdemokratische Partei der Schweiz (SP)

THOMAS WEIBEL
Nationalrat Kanton Zürich
Grünliberale Partei (glp)

GÄSTE
Urs Freudiger, Laura Grüter, Annekäti Hubacher,
Edy Hubacher, Mark A. Saxer, Erika Ziltener

Nº 12
ROBERT SPETH
kocht mit

NATIONALRAT CHRISTOPHE DARBELLAY & NATIONALRAT LORENZ HESS

VORSPEISE
PILZTERRINE

HAUPTGANG
REHRÜCKEN
im Sauerrahmteig
mit Selleriepüree und Preiselbeeren

DESSERT
ZWETSCHGEN-STRUDEL

PILZTERRINE

Für 1 Terrinenform (1 Liter)

700 g Pilze, geputzt,
in grobe Stücke geschnitten
0,6 dl Olivenöl
2 EL Schalotten, in Würfel geschnitten
1 Knoblauchzehe, fein geschnitten
1 EL Küchenkräuter, fein geschnitten
1–2 Zitronen, Saft und Schale
Salz, Pfeffer

1 Knollensellerie (350–400 g),
in Würfel geschnitten
etwas Zitronensaft
1,2 dl Rahm
60 g Butter
6 Blatt Gelatine, eingeweicht
Salz, Pfeffer, Muskatnuss

Olivenöl in einer Pfanne erhitzen, Schalotten und Knoblauch darin glasig dämpfen, die Pilze dazugeben und gar dünsten. Die Küchenkräuter zugeben und mit Salz, Pfeffer und Zitrone abschmecken.
Die Knollenselleriewürfel in gesalzenem Wasser mit etwas Zitronensaft weich dünsten. Abgiessen und etwas ausdämpfen lassen. Mit dem heissen Rahm und der Butter zu einem Püree verarbeiten. Die eingeweichte Gelatine im noch heissen Püree auflösen, abschmecken. Das Püree mit den Pilzen in eine mit Klarsichtfolie ausgelegte Terrinenform füllen. Mindestens 6 Stunden kalt stellen.
Mit herbstlichem Linsensalat, Orangenfilets und Pilzen servieren (siehe Seite 39).

REHRÜCKEN
im Sauerrahmteig mit Selleriepüree und Preiselbeeren

SAUERRAHMTEIG

Alle Zutaten rasch zu einem glatten Teig verarbeiten und mindestens 2 Stunden kalt stellen.

Tipp

Dieser Teig eignet sich vorzüglich für salzige Wähen und Pasteten und zum Einschlagen von Fleisch.

REHRÜCKEN

Das Rehrückenfilet in der aufschäumenden Butter 1–2 Minuten ringsum anbraten, anschliessend auf einem Gitter auskühlen lassen und mit Salz und Pfeffer würzen.

Die Pilze und die Schalotten in wenig Butter andünsten, auskühlen lassen. Danach mit den Eiern und dem Mie de pain eine Füllung herstellen. Mit Salz, Pfeffer und Petersilie abschmecken.

Die Spinat- oder Kopfsalatblätter blanchieren, auf einem sauberen Küchentuch ausbreiten (ca. 30 × 40 cm) und mit Küchenpapier trocken tupfen. Etwas Pilzfüllung darüberverteilen und das Rehrückenfilet darin einschlagen.

Den Sauerrahmteig dünn auswallen, mit Ei bestreichen, das vorbereitete Rehrückenfilet daraufgeben und im Sauerrahmteig einschlagen. Den Teig mit Ei bestreichen und das Rehrückenfilet 10–12 Minuten im Ofen bei 220 °C backen. Herausnehmen und noch 3–4 Minuten ruhen lassen.

SAUERRAHMTEIG

Für 1 Kuchenform à 30–32 cm Durchmesser oder für 1 Backblech à ca. 35 × 25 cm

230 g Mehl
100 g Sauerrahm
60 g Butter
1 EL Essig
1 TL Salz (5 g)

REHRÜCKEN

1 kg Rehrückenfilet, pariert
100 g Butter
300 g Eierschwämmli
oder Steinpilze, klein geschnitten
2 TL Schalotten, fein gehackt
2 Eier
3 Scheiben Toastbrot für Mie de pain
2 EL Petersilie, fein geschnitten
30–40 Spinat- oder Kopfsalatblätter
1 Ei, verquirlt, zum Bestreichen
Salz, Pfeffer

WILDRAHMSAUCE
Für 2 dl

2½ dl Rotwein
1¼ dl roter Portwein
1¼ dl Madeira
2 Zwiebeln, in Scheiben geschnitten
3 Lorbeerblätter
5 Gewürznelken
1 l Wildfond
2 EL Preiselbeerkonfitüre
Salz, Pfeffer aus der Mühle
Gewürzmischung
Balsamicoessig
wenig abgeriebene Orangenschale
wenig Zitronensaft und -schale
etwas Butter oder Mehlbutter
1 dl Rahm oder Crème fraîche
etwas Gin
1–2 ausgedrückte Wacholderbeeren

Die Original-Gewürzmischung können Sie im Restaurant Chesery in Gstaad bei Robert Speth bestellen (www.chesery.ch). Anstelle dieser Gewürzmischung kann eine Mischung aus weissem Pfeffer, wenig Curry und Fleur de sel verwendet werden.

SELLERIEPÜREE

1 grosser Knollensellerie, in Würfel geschnitten
2 Zitronen, Saft, oder ½ TL Ascorbinsäure
2 dl Rahm
100 g Butter
Salz, Pfeffer, Muskatnuss
etwas Rahm, geschlagen, nach Belieben

BOTZI-BIRNEN

8 Botzi-Birnen (Büschelibirnen)
5 dl Rotwein
1 Zimtstange
8 EL Preiselbeeren
1 Sternanis

WILDRAHMSAUCE

Rotwein, Portwein und Madeira mit den Zwiebelscheiben, Lorbeerblättern und Gewürznelken aufkochen und fast vollständig einkochen lassen. Den Wildfond und die Preiselbeerkonfitüre dazugeben und um die Hälfte einreduzieren. Durch ein feines Sieb passieren und nochmals um einen Drittel einreduzieren.

Die Sauce mit Salz, Pfeffer, Gewürzmischung, Balsamicoessig, Orangenschale und Zitronensaft abschmecken. Falls nötig mit etwas Butter oder Mehlbutter binden.

Rahm oder Crème fraîche einrühren, aufkochen, mixen, abschmecken und mit etwas Zitronensaft und -schale, Gin und Wacholderbeeren verfeinern.

SELLERIEPÜREE

Die Selleriewürfel mit etwas Zitronensaft beträufeln. Wasser aufkochen, salzen, Zitronensaft dazugeben und die Selleriewürfel darin weich kochen.

Den weich gekochten Sellerie abgiessen, gut ausdrücken und mit dem heissen Rahm und der Butter fein pürieren.

Mit Salz, Pfeffer und Muskatnuss abschmecken. Nach Belieben etwas Schlagrahm darunterziehen.

BOTZI-BIRNEN

Die Botzi-Birnen vorsichtig vom Stempel her aushöhlen und in Rotwein mit einer Zimtstange und Sternanis weich köcheln. Die warmen Birnen mit Preiselbeeren füllen.

Anrichten

Das Rehrückenfilet aufschneiden und nach Belieben mit Pilzen sowie den gefüllten Botzi-Birnen, dem Selleriepüree und der Wildrahmsauce servieren.

ZWETSCHGEN-STRUDEL

STRUDELTEIG
400 g Mehl
4 g Salz
0,6 dl Pflanzenöl
2 dl Wasser
etwas Öl zum Bestreichen

FRANCHIPAN
60 g weiche Butter
40 g Zucker
50 g Marzipan-Rohmasse
1 Ei
etwas Vanillemark
35 g Mehl
wenig Salz
etwas abgeriebene Zitronenschale

ZWETSCHGENSTRUDEL
650 g Zwetschgen, entsteint, halbiert
150 g Butter, zerlassen, zum Bestreichen
evtl. wenig Zimtzucker
Puderzucker zum Bestreuen
Vanillesauce, Doppelrahm oder Rahm

STRUDELTEIG
Alle Zutaten zu einem glatten Teig verarbeiten, zu einer Kugel formen, mit Öl bestreichen und ca. 1 Stunde ruhen lassen.

FRANCHIPAN
Fürs Franchipan alle Zutaten schaumig rühren.

Tipp
Franchipan kann problemlos tiefgekühlt werden. Vor der Verwendung auftauen und erneut schaumig schlagen.

ZWETSCHGENSTRUDEL
Den Strudelteig hauchdünn rechteckig ausziehen und mit zerlassener Butter bepinseln.
Franchipan auf einer Seite des Teiges ca. 1 cm hoch und 8 cm breit aufstreichen. Die vorbereiteten Früchte daraufgeben. Werden sehr saure Früchte verwendet, mit etwas Zimtzucker nachsüssen. Alles zusammen einrollen.
Den eingerollten Strudel auf ein Backblech legen, nochmals mit zerlassener Butter bepinseln und 15–20 Minuten bei ca. 200 °C goldgelb backen.
Nach dem Backen mit Puderzucker besieben und mit Vanillesauce, Doppelrahm oder flüssigem Rahm servieren.

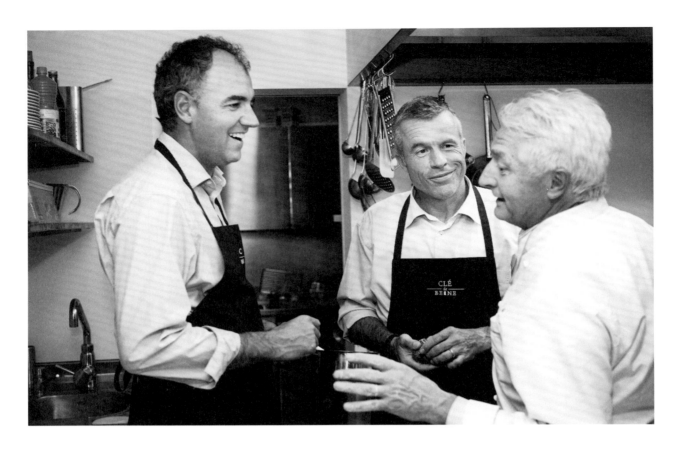

CHRISTOPHE DARBELLAY
Nationalrat Kanton Wallis
Christlichdemokratische Volkspartei der Schweiz (CVP)

LORENZ HESS
Nationalrat Kanton Bern
Bürgerlich-Demokratische Partei Schweiz (BDP)

GÄSTE
Anna Bieri, Nationalrat Martin Candinas, Laura Curau,
Norina Frey, Anna Barbara Hess, Tom Jauch, Nicole Loeb,
Marcel Odermatt, Nationalrat Fabio Regazzi, Urs Roth

NATIONALRAT TONI BRUNNER & STÄNDERAT HANNES GERMANN

VORSPEISE
RÄUCHERLACHS
auf Rahmsauerkraut

HAUPTGANG
GESCHMORTE KALBSHAXE
mit Polenta

DESSERT
NOUGATSCHNITTE
mit marinierten Orangen

RÄUCHERLACHS
auf Rahmsauerkraut

Das gekochte Sauerkraut gut ausdrücken und anschliessend mit dem flüssigen Rahm sämig einkochen.
Vor dem Anrichten den geschlagenen Rahm unterheben und das Sauerkraut mit wenig Weisswein und Zitronenschale abschmecken. Rahmsauerkraut auf Teller geben, die auf Raumtemperatur erwärmten Rauchlachsscheiben darauflegen und mit fein geschnittenem Schnittlauch bestreuen.

800 g Sauerkraut, gekocht
2½ dl Rahm, flüssig
2 EL Rahm, geschlagen
wenig Weisswein
etwas abgeriebene Zitronenschale

500–700 g Räucherlachs, in Scheiben
1 Bund Schnittlauch, fein geschnitten

GESCHMORTE KALBSHAXE
mit Polenta

GESCHMORTE KALBSHAXE

Die Kalbshaxen mit Salz und Pfeffer würzen und in einem Bräter in Olivenöl ringsum goldbraun anbraten. Danach aus dem Bräter nehmen und zur Seite stellen. Das überschüssige Öl aus dem Bräter abgiessen, etwas frisches Olivenöl hineingiessen und die Gemüsewürfel darin andünsten. Tomatenmark zugeben und mit dem Gemüse goldbraun rösten. Mit Rotwein und Portwein ablöschen und ca. um die Hälfte einreduzieren.

Die Haxen auf das Gemüse setzen und den Kalbsfond angiessen, einmal aufkochen. Die ganzen Knoblauchzehen, Lorbeerblätter und Gewürznelken zugeben und im Backofen 2–2½ Stunden bei 175 °C zugedeckt schmoren lassen. Die Haxen von Zeit zu Zeit wenden. Dabei den Garpunkt kontrollieren. Die Haxen sind gar, sobald sich das Fleisch gut vom Knochen lösen lässt. Allenfalls die Garzeit etwas verlängern und die Temperatur auf 190–200 °C erhöhen. Ist das Fleisch weich, die Haxen aus dem Fond nehmen und warm stellen. Den Fond bis zur gewünschten Konsistenz einkochen, mixen, passieren und mit Salz, Pfeffer, Orangen- und Zitronenschale abschmecken. Mit etwas Mehlbutter binden und mit frischem Rosmarin, Thymian und einigen Tropfen Balsamicoessig vollenden.

POLENTA

Zwiebeln, Knoblauch und Kräuter in Olivenöl andünsten, den Maisgriess dazugeben und anrösten. Mit Fond und Milch aufgiessen und mit Salz und Pfeffer würzen. Unter ständigem Rühren einmal aufkochen und zugedeckt 45–60 Minuten in den 180 °C heissen Backofen geben. Gelegentlich umrühren und je nach Konsistenz mit etwas Milch oder Fond angiessen. Sobald die Polenta gar ist, in eine feuerfeste Form geben (1–2 cm hoch). Butterflocken und wenig geschlagenen Rahm darüberverteilen, die Polenta mit Parmesan bestreuen und im Backofen bei starker Oberhitze goldgelb überbacken.

GESCHMORTE KALBSHAXE

2 Kalbshaxen am Stück, wenn möglich Hinterhaxe
800 g Mirepoix
1 dl Olivenöl
2 EL Tomatenmark
2½ dl Rotwein
2½ dl roter Portwein
1 l brauner Kalbsfond
3–4 Knoblauchzehen
2–3 Lorbeerblätter
2–3 Gewürznelken
Salz, Pfeffer
abgeriebene Zitronen- und Orangenschale
etwas Mehlbutter
frischer Rosmarin, frischer Thymian
Balsamicoessig

POLENTA

200 g Maisgriess oder Bramata
½ Zwiebel, fein gehackt
½ Knoblauchzehe, fein gehackt
frischer Rosmarin, fein gehackt
frischer Thymian, fein gehackt
0,4 dl Olivenöl
5 dl Bouillon oder Geflügelfond
5 dl Milch
50 g Butterflocken
wenig Rahm, geschlagen
Parmesan, gerieben
Salz, Pfeffer

NOUGATSCHNITTE
mit marinierten Orangen

MARINIERTE ORANGEN

Zucker, Wasser, Sirup und Gewürze zusammen aufkochen und auf Raumtemperatur abkühlen lassen. Die geschälten Orangen 24 Stunden in diesem Zuckersirup einlegen.

MÜRBTEIG

Die Butter mit dem Puderzucker und 100 g Mehl verkneten. Das restliche Mehl, Salz und Eigelb darunterkneten und den Teig bis zur weiteren Verwendung mindestens 1 Stunde kalt stellen. Den Mürbteig 3 mm dick auswallen und im Metallrahmen blind backen. Danach mit dem flüssigen Nougat bestreichen.

NOUGATSCHNITTE

Ei, Eigelbe und Zucker mit 1 EL Wasser warm schlagen. Die eingeweichte und leicht ausgedrückte Gelatine und den Cognac zugeben und glatt rühren. Nougat und Kuvertüre über dem Wasserbad schmelzen und zugeben. Zum Schluss den geschlagenen Rahm unterheben.
Die Masse in den mit dem Mürbteig vorbereiteten Rahmen füllen und glatt streichen. Mindestens 6 Stunden im Kühlschrank durchkühlen lassen.

Anrichten

Die eingelegten Orangen in dünne, gleichmässige Scheiben schneiden und auf flachen Tellern anrichten. Die Nougatschnitte aus dem Rahmen nehmen, in 5 × 5 cm grosse Würfel schneiden, mit Kakao bestreuen und auf den marinierten Orangen anrichten.

Für 1 Metallrahmen
(ca. 30 × 10 cm, 5 cm hoch)

MARINIERTE ORANGEN
4–6 Orangen, geschält
500 g Zucker
4 dl Wasser
2 EL Grenadinesirup
1 Zimtstange
2 Sternanise

MÜRBTEIG
200 g kalte Butter,
in Würfel geschnitten
100 g Puderzucker
300 g Mehl
1 Prise Salz
1 Eigelb
70 g Nougat, flüssig

NOUGATSCHNITTE
1 Ei
3 Eigelb
50 g Zucker
3 Blatt Gelatine, eingeweicht
0,2 dl Cognac
80 g Nougat
120 g Kuvertüre, 65 % Kakaoanteil
4 dl Rahm, geschlagen
Kakao zum Bestreuen

TONI BRUNNER
Nationalrat Kanton St. Gallen
Schweizerische Volkspartei (SVP)

HANNES GERMANN
Ständerat Kanton Schaffhausen
Schweizerische Volkspartei (SVP)

GÄSTE
Urs Berger, Thomas Binggeli, Stefan Burkhalter, David Degen, Ulrich Gygi, Kuno Hämisegger,
Martin Heiniger, Andreas Hugi, Nationalrat Thomas Hurter, Uwe Jocham, Marc Lüthi,
Andreas Rickenbacher, Peter Spuhler, Nationalrat Christian Wasserfallen, Alex Wassmer

N° 14
ROBERT SPETH
kocht mit

NATIONALRÄTIN KATHRIN BERTSCHY & NATIONALRÄTIN MAYA GRAF

VORSPEISE
ARTISCHOCKEN-SALAT
mit Fenchel und Süsskartoffeln

HAUPTGANG
POT AU FEU VOM KALB
mit frischem Meerrettich

DESSERT
QUARK-SCHMARREN
mit karamellisierten Äpfeln

ARTISCHOCKEN-SALAT

mit Fenchel und Süsskartoffeln

ARTISCHOCKENSALAT
12–16 eingelegte kleine Artischocken
2 Fenchelknollen, blanchiert, in Streifen geschnitten
1 Süsskartoffel, gekocht, in Ecken geschnitten
12 Cherrytomaten, geviertelt, entkernt
Olivenöl

Garnitur
2 reife Avocados, geschält in Streifen geschnitten
½ Fenchelknolle
Olivenöl
Fleur de sel
etwas Blattsalat, fein gezupft
etwas Kresse und Sakurakresse
1 Zitrone, Saft
evtl. schwarze Trüffeln

ARTISCHOCKENSALAT

Die Artischocken vierteln und mit den blanchierten Fenchelstreifen und den Süsskartoffelecken kurz in Olivenöl ansautieren, ohne dass sie Farbe annehmen. Tomatenviertel zugeben und alles zur Seite stellen.

Anrichten

Vor dem Servieren die Artischocken mit Avocadostreifen auf Tellern drapieren. Die halbe Fenchelknolle im letzten Moment hauchdünn schneiden oder hobeln, mit wenig Olivenöl und Fleur de sel würzen und auf dem Artischockensalat anrichten.
Mit Salat und Kresse ausgarnieren und mit Zitronen-Olivenöl-Marinade beträufeln. Nach Belieben etwas schwarze Trüffel darüberhobeln.

POT AU FEU VOM KALB

mit frischem Meerrettich

2 kg Bio-Kalbfleisch von der Schulter
2–3 l Wasser, Gemüsefond oder Bouillon
500 g Mirepoix
1 Lorbeerblatt
einige Pfefferkörner
1 TL Salz
600 g Mirepoix, tourniert
oder in Rauten bzw. Würfel geschnitten
400 g Kartoffeln, tourniert
oder in Würfel geschnitten

Sud
2½ dl Weisswein
1¼ dl Noilly Prat
1 EL Schalotten, fein geschnitten
7½ dl Fond vom Siedfleisch
250 g Butterflocken
½ Bund Schnittlauch, fein geschnitten
100 g frischer Meerrettich

Wasser oder Gemüsefond mit dem Mirepoix und den Gewürzen aufkochen. Das Kalbfleisch zugeben und leicht köchelnd am Herdrand 1–2 Stunden gar ziehen lassen. Sobald das Fleisch weich ist, die Pfanne vom Herd nehmen und das Fleisch im Fond auskühlen lassen.

Das Mirepoix und die Kartoffeln kochen, abgiessen und beiseitestellen.

Für den Sud Weisswein, Noilly Prat und Schalotten aufkochen, völlig einreduzieren, mit dem Siedfleischfond auffüllen und um zwei Drittel einreduzieren. Danach die Butterflocken zugeben und mit dem Mixer emulgieren.

Das Mirepoix und die Kartoffeln im Sud erwärmen und mit Schnittlauch vollenden. Eventuell mit etwas Weisswein abschmecken.

Das Siedfleisch in fingerdicke Scheiben schneiden und im restlichen Fond aufwärmen.

Die Siedfleischscheiben mit dem Sud und dem Gemüse in tiefen Tellern anrichten. Frischen Meerrettich darüberreiben.

Tipp
Für eine schlanke Variante das Siedfleisch nur in der Eigenbouillon servieren. Ebenfalls frischen Meerrettich darüberreiben.

QUARK-SCHMARREN
mit karamellisierten Äpfeln

4–6 Äpfel (z.B. Golden), geschält, ohne Kernhaus, in Spalten geschnitten
2 EL Butter
2 EL Zucker
2 EL Rum
wenig Weisswein

250 g Quark
80 g Sauerrahm
6 Eigelb
½ Vanilleschote, Mark
etwas Zitronenzeste
1 Prise Salz
80 g Maizena
6 Eiweiss
120 g Zucker
wenig Puderzucker zum Bestreuen

Die Apfelspalten mit Butter und Zucker in einer Bratpfanne karamellisieren, mit Rum und wenig Weisswein ablöschen und sämig einkochen.
Quark, Sauerrahm, Eigelbe, Vanillemark, Zitronenzeste, Salz und Maizena glatt rühren. Eiweisse mit dem Zucker aufschlagen und unter die Grundmasse heben. Die Masse maximal 2 cm hoch in eine ausgebutterte, ausgezuckerte Cocotte geben und im Ofen 15 Minuten bei 200 °C goldgelb backen.
Mit einem Löffel kleine Nocken abstechen. Mit den karamellisierten Äpfeln auf Tellern anrichten und mit wenig Puderzucker bestreuen.

Tipp
Mit Vanille- oder Zimtglace servieren.

MAYA GRAF
Nationalrätin Kanton Basel-Landschaft
Grüne Partei der Schweiz (GPS)

KATHRIN BERTSCHY
Nationalrätin Kanton Bern
Grünliberale Partei (glp)

GÄSTE
Doris Aebi, Christine Bühler, Norina Frey,
Laura Grüter, Nicole Loeb

N^o15
ROBERT SPETH
kocht mit

NATIONALRAT IGNAZIO CASSIS & NATIONALRAT FABIO REGAZZI

VORSPEISE
GNOCCHI
mit Meeresfrüchten

HAUPTGANG
LAMMKOTELETT
*mit Ratatouille
und Oliventapenade*

DESSERT
CRÈME BAVAROISE
mit Rhabarber

GNOCCHI
mit Meeresfrüchten

GNOCCHI

Die Kartoffeln schälen und in Salzwasser gut weich kochen, ausdämpfen lassen und durch eine Kartoffelpresse drücken. Auskühlen lassen. Danach mit Mehl, zerlassener Butter, Eigelben und Gewürzen mischen. Gnocchi formen und beiseitestellen.

MEERESFRÜCHTE

Die Miesmuscheln und die Vongole waschen. Olivenöl in einen flachen Topf geben, erhitzen, den Thymian und die Muscheln zugeben. Mit Weisswein und Noilly Prat ablöschen und sofort mit einem Deckel verschliessen. Sobald sich die Muscheln öffnen (nach 3–4 Minuten), den Fond abgiessen und auffangen. Die Muscheln teilweise ausbrechen und im Fond zur Seite stellen.
Die übrigen Meeresfrüchte mit Knoblauch, Tomatenwürfeln, Peperoncino, Schalotten und Fischfond aufkochen, die Petersilie dazugeben.

Die Gnocchi in Salzwasser kochen, abschöpfen und zu den Meeresfrüchten geben. 2–3 Minuten köcheln lassen. Abschmecken und in tiefen Tellern anrichten. Mit einigen Meeresfrüchten garnieren, etwas Olivenöl darüberträufeln und mit wenig abgeriebener Zitronenschale vollenden.

GNOCCHI
600 g Kartoffeln, mehligkochend
200 g Mehl
100 g Butter, zerlassen
8 Eigelb
Salz, Pfeffer, Muskatnuss

MEERESFRÜCHTE
1 kg Miesmuscheln
1 kg Vongole
8–10 Krevetten
250 g Calamaretti
250 g Jakobsmuscheln
1 dl Olivenöl
1 Zweig Thymian
1 dl Weisswein
½ dl Noilly Prat
1–2 Knoblauchzehen, fein geschnitten
150 g Tomaten
oder Cherry-Ramati-Tomaten,
in Würfel geschnitten
wenig Peperoncino
1 EL Schalotten, in Würfel geschnitten
2½ dl Fischfond
1 Bund Blattpetersilie, fein geschnitten
etwas Olivenöl
wenig abgeriebene Zitronenschale

LAMMKOTELETT
mit Ratatouille und Oliventapenade

LAMMKOTELETT

Die geputzten Lammkarreestücke in gleichmässige Koteletts schneiden und mit Salz und Pfeffer würzen. Mit Kräutern und Knoblauch im heissen Olivenöl anbraten, danach auf ein Gitter geben. Im Backofen 5–7 Minuten bei 220 °C garen. Vor dem Anrichten 2–3 Minuten ruhen lassen. Alternativ können die Lammkarrees auch am Stück gebraten werden, dabei verlängert sich die Garzeit auf 12–15 Minuten.

OLIVENTAPENADE

Für die Tapenade alle Zutaten mischen und auf 80 °C erhitzen. Mit Salz und Pfeffer abschmecken.

RATATOUILLE

Zucchetti- und Auberginenwürfel mit den Zwiebelwürfeln in Olivenöl ansautieren. Peperoniwürfel sowie Tomatensauce und Tomatenwürfel zugeben und etwa 15 Minuten schmoren. Eventuell mit etwas Fond angiessen und mit Salz und Pfeffer abschmecken. Mit Basilikum und Olivenöl vollenden.

Anrichten

Die Lammkoteletts mit der Ratatouille anrichten und mit wenig Oliventapenade vollenden.

LAMMKOTELETT

1½ kg Lammkarree, geputzt
1 Zweig Thymian
1 Zweig Rosmarin,
1 Knoblauchzehe, angedrückt
Olivenöl
Salz, Pfeffer

OLIVENTAPENADE

50 g kleine Oliven, entsteint,
geviertelt oder halbiert
100 g Tomaten, entkernt,
in Ecken oder Würfel geschnitten
2 EL Blattpetersilie, fein geschnitten
etwas Thymian, Rosmarin
und Knoblauch, fein geschnitten
wenig Chili und
abgeriebene Zitronenschale
50 g geröstete Pinienkerne
oder Erdnüsse, gehackt
1¼ dl Olivenöl
Salz, Pfeffer
evtl. wenig Zwiebeln, klein geschnitten

RATATOUILLE

3–4 Zucchetti, in Würfel geschnitten
1 Aubergine, in Würfel geschnitten
1–2 Zwiebeln, in Würfel geschnitten
1 rote Peperoni, geschmort, gehäutet,
in Würfel geschnitten
1 gelbe Peperoni, geschmort, gehäutet,
in Würfel geschnitten
2½ dl Tomatensauce
250 g Tomaten
oder Cherry-Ramati-Tomaten,
in Würfel geschnitten
Salz, Pfeffer
1 Bund Basilikum, fein geschnitten
Olivenöl

CRÈME BAVAROISE
mit Rhabarber

RHABARBERKOMPOTT

Zucker und Wasser zusammen aufkochen und über den geschnittenen Rhabarber geben. Restliche Zutaten hinzufügen und im Ofen ca. 10 Minuten bei 180 °C garen.

CRÈME BAVAROISE

Milch mit der längs aufgeschnittenen und ausgekratzten Vanilleschote und dem Salz aufkochen und die eingeweichte und leicht ausgedrückte Gelatine darin auflösen. Mit 200 g püriertem Rhabarberkompott mischen und abkühlen lassen.
Eigelbe mit dem Zucker aufschlagen und unter die kühle Masse ziehen. Zum Schluss den geschlagenen Rahm unterheben. In kleine Förmchen abfüllen und mindestens 6 Stunden durchkühlen.
Danach die Crème bavaroise auf Teller stürzen und mit dem restlichen Rhabarberkompott und den Beeren Ihrer Wahl fertigstellen.

Tipp

Für eine zweifarbige Crème das Rezept teilen, eine Hälfte ohne Rhabarberpüree herstellen und in diesem Fall ein Blatt Gelatine weniger verwenden.

RHABARBERKOMPOTT

500 g Rhabarber, geschält, in Stifte geschnitten
250 g Zucker
1 ½ dl Wasser
½ Zimtstange
½ Vanilleschote
wenig abgeriebene Orangen- und Zitronenschale

CRÈME BAVAROISE

2 dl Milch
1 Vanilleschote, Mark
1 Prise Salz
5–6 Blatt Gelatine, eingeweicht
200 g Rhabarberkompott, fein püriert
4 Eigelb
140 g Zucker
4 dl Rahm, geschlagen

IGNAZIO CASSIS
Nationalrat Kanton Tessin
FDP.Die Liberalen

FABIO REGAZZI
Nationalrat Kanton Tessin
Christlichdemokratische Volkspartei der Schweiz (CVP)

GÄSTE
Jörg de Bernardi, Reto Egloff, Alessandra Gianella, Nationalrat Jean-Paul Gschwind, Rob Hartmans,
Giovanni Leonardi, Ständerat Filippo Lombardi, Nicole Manetti, Alessandro Simoneschi

ROBERT SPETH
kocht mit

NATIONALRAT FATHI DERDER & NATIONALRÄTIN REBECCA RUIZ

VORSPEISE
RINDSTATAR
mit schwarzer Trüffel

HAUPTGANG
GEBRATENES KALBSFILET
mit neuen Kartoffeln

DESSERT
TARTE AU VIN CUIT
mit frischen Beeren

RINDSTATAR
mit schwarzer Trüffel

Das Fleisch in feinste Würfel schneiden. Mit den übrigen Zutaten mischen und abschmecken.
Das Tatar mit wenig Blattsalat anrichten und reichlich mit Olivenöl beträufeln. Zum Schluss die schwarze Trüffel darüberhobeln und die Vorspeise mit Parmesan- oder Alpkäsespänen vollenden.

Tipp
Nach demselben Rezept lässt sich ein Kalbfleischtatar mit weisser Trüffel zubereiten. Nur ganz frisches Fleisch verwenden, das nach Möglichkeit nie vakuumiert war.

800 g frisches Rindfleisch ohne Fett und Sehnen, am besten aus der Keule
4 Schalotten, fein geschnitten
1 Limette oder Zitrone, abgeriebene Schale
1 dl fruchtiges Olivenöl, am besten aus Ligurien
2 EL Schnittlauch, fein geschnitten
2 EL Tomatenketchup
etwas scharfer Senf
wenig Worcestersauce
Salz, Pfeffer aus der Mühle
Gewürzmischung

Die Original-Gewürzmischung können Sie im Restaurant Chesery in Gstaad bei Robert Speth bestellen (www.chesery.ch). Anstelle dieser Gewürzmischung kann eine Mischung aus weissem Pfeffer, wenig Curry und Fleur de sel verwendet werden.

Garnitur
wenig Blattsalat, gerüstet
1 dl fruchtiges Olivenöl, am besten aus Ligurien
1 schwarze Périgord-Trüffel
etwas Parmesan oder Alpkäse, in grobe Späne gehobelt

N° 16
HAUPTGANG

GEBRATENES KALBSFILET
mit neuen Kartoffeln

KALBSFILET

Die Medaillons mit wenig Salz und Pfeffer würzen. In wenig Olivenöl auf beiden Seiten ca. 2 Minuten anbraten, damit sie schön Farbe bekommen. Anschliessend auf ein Gitter legen und 10 Minuten an einem warmen Ort ruhen lassen.

Vor dem Servieren ein Stück Butter in eine Pfanne geben, Rosmarin und Thymian dazulegen und die Butter aufschäumen lassen. Darin die Medaillons nochmals 2–3 Minuten auf beiden Seiten nachbraten.

SAUCE MOUSSELINE

Weisswein, Wasser und Essig mit den Pfefferkörnern und den Schalottenscheiben aufkochen, um die Hälfte einreduzieren und abpassieren. Eigelbe dazugeben und alles über dem Wasserbad warm und schaumig schlagen.

Die Sauce vom Wasserbad nehmen und die zerlassene Butter langsam darunterrühren. Wird die Butter vor der Verwendung erhitzt, bis sie aufschäumt, erhält die Sauce einen vollmundigen Nussgeschmack. Zum Schluss mit dem Zitronensaft und den Gewürzen abschmecken. 1–2 EL Schlagrahm unter die fertige Sauce mousseline ziehen.

KRÄUTER-MIE-DE-PAIN

Toastbrot mit Küchenkräutern und Knoblauch in der Moulinette (Universalzerkleinerer) fein mixen.

Anrichten

Die Kalbsmedaillons mit etwas Kräuter-Mie-de-pain bestreuen und kurz überbacken. Mit Spargeln und Morcheln (beides siehe Seite 235) anrichten und mit neuen Kartoffeln und Sauce mousseline garnieren.

KALBSFILET
2 ganze Kalbsfilets,
in Medaillons à 70 g geschnitten
etwas Butter
1 Zweig Rosmarin
1 Zweig Thymian
wenig Olivenöl
Salz, Pfeffer

SAUCE MOUSSELINE
Für 2½ dl
1 dl Weisswein
2 EL Wasser
2 EL Weissweinessig
4 weisse Pfefferkörner
1 Schalotte, in Scheiben geschnitten
4 Eigelb
160 g Butter, zerlassen
wenig Zitronensaft
Salz, Pfeffer aus der Mühle
Gewürzmischung
Worcestersauce
1–2 EL Rahm, geschlagen

Die Original-Gewürzmischung können Sie im Restaurant Chesery in Gstaad bei Robert Speth bestellen (www.chesery.ch). Anstelle dieser Gewürzmischung kann eine Mischung aus weissem Pfeffer, wenig Curry und Fleur de sel verwendet werden.

KARTOFFELN
600 g neue Kartoffeln, gekocht

KRÄUTER-MIE-DE-PAIN
2 Scheiben Toastbrot
2 EL Küchenkräuter, fein geschnitten
wenig Knoblauch

TARTE AU VIN CUIT
mit frischen Beeren

MÜRBTEIG

Die Butter mit dem Puderzucker und 100 g Mehl verkneten. Das restliche Mehl und die übrigen Zutaten darunterkneten und den Teig bis zur weiteren Verwendung mindestens 1 Stunde kalt stellen. Danach auswallen, in die Tarteformen legen und 8–10 Minuten bei 180 °C blind backen.

TARTE AU VIN CUIT

Die Zutaten für die Füllung mischen und auf den noch heissen, vorgebackenen Mürbteig geben. Exakt 4 Minuten bei 185 °C backen.

Anrichten

Die Tarte mit frischen Beeren und eventuell einem Sorbet und etwas Doppelrahm servieren.

Für 2 Tarteformen à 22 cm Durchmesser

MÜRBTEIG
200 g kalte Butter, in Würfel geschnitten
100 g Puderzucker
300 g Mehl
1 Prise Salz
1 Eigelb

Füllung
225 g Kondensmilch
2 dl Vollrahm
1 dl Vin cuit (Birnendicksaft)

REBECCA RUIZ
Nationalrätin Kanton Waadt
Sozialdemokratische Partei der Schweiz (SP)

FATHI DERDER
Nationalrat Kanton Waadt
FDP.Die Liberalen

GÄSTE
Cédric Alber, Yasmine Char Wegmüller, Claudine Esseiva, Anne Hiltpold, Nationalrat Hugues Hiltpold, Yves Hiltpold, Nationalrat Christian Lüscher, Dominique Martin, Thierry Wegmüller

ROBERT SPETH
kocht mit

NATIONALRAT ANDREA CARONI & NATIONALRÄTIN NADINE MASSHARDT

VORSPEISE
WEISSER SPARGEL
mit frischen Morcheln

ZWISCHENGERICHT
ÜBERRASCHUNGSEI
mit Kaviar

HAUPTGANG
GANZER STEINBUTT
im Ofen gegart

DESSERT
EISKAFFEE
«Golfclub»

WEISSER SPARGEL
mit frischen Morcheln

SPARGEL

Reichlich Wasser leicht salzen und zuckern, aufkochen und pro Liter Wasser ca. 50 g Butter zugeben.
Die geschälten Spargelstangen in einen flachen Topf schichten und mit dem heissen Wasser übergiessen, bis sie gut bedeckt sind. Die Spargeln einmal aufkochen und zugedeckt am Herdrand gar ziehen lassen (10–15 Minuten). Danach im Fond auskühlen lassen. Vor dem Anrichten die Spargeln nochmals im Fond erhitzen.

MORCHELN

Knoblauch und Schalotten in schäumender Butter andünsten, die Morcheln zugeben und 2–3 Minuten mitdünsten. Mit Cognac und Noilly Prat ablöschen und etwas einreduzieren. Den flüssigen Rahm angiessen und alles sämig einkochen. Die Küchenkräuter und den geschlagenen Rahm zugeben und mit Salz, Pfeffer und Zitronensaft abschmecken.

Anrichten

Die warmen Spargeln abtropfen lassen und auf Tellern anrichten. Das Morchelragout auf die Spargeln geben. Nach Belieben mit wenig frischen Küchenkräutern bestreuen.

SPARGEL

24 Stangen weisser Spargel, geschält
Salz
Zucker
Butter

MORCHELN

500 g frische Morcheln, gewaschen und geschleudert
1 Knoblauchzehe, fein geschnitten
4 Schalotten, in kleine Würfel geschnitten
80 g Butter
0,4 dl Cognac
0,4 dl Noilly Prat
2½ dl frischer Rahm
2 EL Küchenkräuter, fein geschnitten
1 dl Rahm, geschlagen
Salz, Pfeffer
wenig Zitronensaft

ÜBERRASCHUNGSEI
mit Kaviar

RÜHREI

Die Zutaten für das Rührei unter ständigem Rühren über dem Wasserbad erhitzen, bis eine cremige Konsistenz entsteht. Mit Salz und Muskatnuss würzen. Das Rührei in die vorbereiteten Eischalen füllen. Die Eischalen nicht warm stellen, da sonst der Wodkarahm nicht hält.

WODKARAHM

Den geschlagenen Rahm mit dem Wodka mischen, in einen Dressiersack mit Lochtülle Grösse 4 oder 5 füllen und 2–3 kleine Ringe übereinander auf den Rand der Eischalen spritzen.
Zum Schluss einen Kaffeelöffel Kaviar auf das Ei setzen.
Die kleinen Kartoffeln oben und unten gerade abschneiden, aushöhlen und mit kaltem Wodka füllen. Zum Überraschungsei servieren.

RÜHREI
8 Eigelb
3 Eier
100 g Butter
0,8 dl Rahm
Salz, Muskatnuss
8 Eischalen, ausgespült, getrocknet

WODKARAHM
1½ dl Rahm, steif geschlagen
2 EL Wodka
200 g Kaviar
8 kleine Kartoffeln
Wodka, gekühlt

GANZER STEINBUTT
im Ofen gegart

STEINBUTT

Den geputzten Steinbutt auf der grauen Seite entlang dem Mittelgrat auffiletieren und die Butter in die Schnittstelle streichen. Den Fisch mit Salz, Pfeffer und Gewürzmischung würzen und in eine tiefe Schale oder ein Backblech mit hohem Rand auf das Mirepoix legen. Weisswein, Wasser und Gewürze aufkochen und über den Fisch giessen. Den Fisch im Kombisteamer bei 100 °C im Dampf 10 Minuten dünsten, anschliessend 5–6 Minuten bei geschlossener Ofentür ruhen lassen.
Vor dem Servieren nochmals 8–10 Minuten bei 90 °C im Dampf weitergaren.

Tipp
Falls Sie den Fisch im herkömmlichen Backofen garen möchten, muss er in Alufolie gepackt werden. Die erste Garzeit verlängert sich um 4–5 Minuten auf ca. 15 Minuten.

SAUCE

Pochierfond und Butterflocken mit dem Stabmixer aufmixen, bis eine luftige, gebundene Sauce entsteht. Mit Salz, Pfeffer, Zitronensaft und Weisswein abschmecken.

Tipp
Dazu passen Gemüse wie Spinat, Fenchel, Staudensellerie sowie neue Kartoffeln oder Stampfkartoffeln. Auch mediterranes Gemüse eignet sich vorzüglich (siehe Seite 120).

STEINBUTT
1 Steinbutt (3–4 kg), ausgenommen, Flossen abgeschnitten
100 g weiche Butter
Salz, Pfeffer
Gewürzmischung
250 g Mirepoix, in Würfel geschnitten
2½ dl Weisswein
2½ dl Wasser
1 Lorbeerblatt
1 Knoblauchzehe, angedrückt
1 Zweig Thymian

Die Original-Gewürzmischung können Sie im Restaurant Chesery in Gstaad bei Robert Speth bestellen (www.chesery.ch). Anstelle dieser Gewürzmischung kann eine Mischung aus weissem Pfeffer, wenig Curry und Fleur de sel verwendet werden.

SAUCE
2½ dl Pochierfond vom Steinbutt
200 g Butterflocken
Salz, Pfeffer
Zitrone, Saft
etwas Weisswein

NADINE MASSHARDT
Nationalrätin Kanton Bern
Sozialdemokratische Partei der Schweiz (SP)

ANDREA CARONI
Nationalrat Kanton Appenzell Ausserrhoden
FDP.Die Liberalen

GÄSTE
**Nicole Beutler, Matthias Dietrich, Nationalrat Roland Fischer,
Laura Grüter, Stefan Kilchenmann, Peter Lauener, Bernhard Meier,
Hannes Rettenmund**

№17
GENIESSEN

GLOSSAR

Abbinden Kochgut durch Einrühren von Bindemitteln wie Milch, Butter, Eigelb, Rahm usw. andicken und sämig machen.
Abricoture Überzugsmasse aus eingedicktem Fruchtsaft, Obstmark, Pektin und Zucker.
Angiessen / aufgiessen Flüssigkeit neben und nicht über das Bratgut giessen und durch Rühren ablösen, was sich angelegt hat.
Aufschäumen Butter erhitzen, ohne dass sie bräunt.
Auftranchieren / tranchieren Fleisch schneiden oder zerlegen.
Auslösen Mit einem scharfen Messer die Knochen ganz oder teilweise lösen, möglichst ohne das Fleisch zu verletzen.
Bratsatz Entsteht am Pfannenboden beim Anbraten von Gemüse, Fleisch oder Geflügel.
Blanchieren Kurzes Erhitzen in kochendem Wasser.
Blind backen Kuchenböden ohne Füllung backen, zum Beispiel mithilfe von Linsen (Backpapier auf den ausgewallten Teig legen, mit der Gabel einstechen und mit getrockneten Linsen bedecken).
Brunoise Kleine Würfelchen von Gemüse oder Obst (ca. 3 mm Durchmesser).
Cocotte Feuerfeste Form.
Coulis Konzentrierte Gemüse- oder Fruchtsauce.
Dressieren / aufdressieren Masse mithilfe eines Spritzsacks formen.
Emulgieren Mithilfe eines Stabmixers aus Flüssigkeit und Fettstoff eine Emulsion herstellen, dabei luftig aufschlagen.
Farce Pürierte Masse aus rohem oder gegartem Schlachtfleisch, Wild, Geflügel, Fisch, Krustentieren, Gemüsen oder Pilzen.
Fond Grundbrühe.
Glace Konzentrierte, eingekochte Flüssigkeit; der Ausdruck wird in der Schweiz auch für Speiseeis verwendet.
Im / über dem Wasserbad Empfindliche Nahrungsmittel in ein Gefäss geben, das in heisses, aber nicht kochendes Wasser gestellt wird. Darin werden die Nahrungsmittel geschmolzen oder warm gehalten.

GLOSSAR

Karamellisieren Kristallzucker unter ständigem Rühren trocken in einer Pfanne auf starkem Feuer erhitzen. Beginnt der Zucker zu schmelzen, dauert es nur wenige Sekunden, bis der Karamell eine dunkle Farbe annimmt. Damit die Masse anschliessend nicht erstarrt, wird sie, wenn der gewünschte Bräunungsgrad erreicht ist, mit kochendem Wasser abgelöscht und zu einem Sirup aufgelöst.

Karkassen Knochengerüst von Geflügel oder Panzer von Krustentieren.

Kerntemperatur Temperatur, die in der Mitte eines Lebensmittels bzw. Bratguts herrscht. Für die Messung wird typischerweise ein Bratenthermometer verwendet.

Mandoline Multifunktionelles Schneidegerät für Gemüse und Kartoffeln.

Mehlbutter Butter und Weissmehl werden im Verhältnis 1:1 verknetet. Wird zum Eindicken von kleinen Mengen von Saucen und Suppen verwendet.

Mie de pain Geriebenes Weissbrot ohne Rinde.

Mirepoix In gleichmässige Würfel geschnittenes Röstgemüse (Zwiebeln, Knollensellerie, Karotten).

Montieren / aufmontieren Suppen, Saucen, Cremes oder Pürees mit dem Schneebesen bearbeiten, um sie cremig, leicht und luftig zu machen; eine Suppe, Sauce vor dem Anrichten mit kalten Butterstücken aufschlagen.

Nappieren Gleichmässig mit Sauce übergiessen oder überziehen.

Noilly Prat Trockener Wermut aus Frankreich.

Nori Getrocknete und gepresste Seetangblätter zur Herstellung von Sushi und Garnituren.

Parfümieren Würzen oder Geschmack geben.

Parieren Zurechtschneiden, von unerwünschten Bestandteilen befreien.

Passieren / abpassieren Zutaten durch ein Sieb oder Passiertuch treiben, um eine feine Konsistenz zu erhalten.

Plattieren Gleichmässig flach klopfen.

Pochieren Schonender Garprozess bei Temperaturen zwischen 65 und 80 °C im Wasser oder Fond, im Wasserbad oder in wenig Flüssigkeit (Fond).

Reduktion / reduzieren / einreduzieren Konzentrat, einkochen, konzentrieren.

Sautieren / ansautieren Garprozess unter Schwenken oder Wenden in erhitztem Fettstoff.

Simmern Kurz unter dem Siedepunkt in Flüssigkeit garen, ohne dass schon Blasen aufsteigen.

Spitzsieb Spitz zulaufendes Sieb mit dichter, feiner Lochung zum Passieren von Saucen und zum Abgiessen von Fonds, Suppen und anderen Flüssigkeiten, Teigwaren usw.

Tomatenconcassé Geschälte, entkernte und in Würfelchen von ca. 8 mm Kantenlänge geschnittene Tomaten; gedünstete Tomatenwürfel.

Tournieren Gemüse mit einem Tourniermesser in eine gleichmässige, länglich-ovale Form bringen.

Vorfrittieren Nur bis zu 75 % frittieren.

Warm schlagen Im bis zu 82 °C heissen Wasserbad aufschlagen.

Quellen: Robert Speth, Pauli Fachbuchverlag AG, Pauli Rezeptbuch der Küche, 3. Auflage, www.pauliph.com und Kulinarisches Lexikon Hallwag.

REZEPT-VERZEICHNIS

FLEISCH, GEFLÜGEL UND WILD

Hackbraten	69

Kalb

Kalbsbäggli	108
Kalbsfilet, gebraten	225
Kalbshaxe, geschmort	189
Kalbskarree	136
Pot au feu vom Kalb	200

Lamm

Lammkotelett	213
Lammrücken, gefüllt	55

Mieral-Ente «Asia Style»	28
Perlhuhnbrust	161

Reh

Rehfilet	39
Rehrücken im Sauerrahmteig	175

Rind

Rindstatar mit schwarzer Trüffel	223
Simmentaler Rind «Japanese Style»	149

Spanferkelbrust, gefüllt	82
Wachtel, gefüllt	96
Wildterrine	39

FISCH UND MEERESFRÜCHTE

Hummer	158
Königsmakrelenfilet	25

Lachs

Lachstatar	24, 106, 118
Räucherlachs	187

Meeresfrüchte

Gnocchi mit Meeresfrüchten	211
Nudeln mit Meeresfrüchten	147

Muscheln	147
Seeteufel auf mediterrane Art	120
Steinbutt, im Ofen gegart	239
Sushi-Variationen	78

REZEPTVERZEICHNIS

Thunfisch
- **Tataki vom Thunfisch** — 53
- **Thunfischtatar** — 24, 106, 118

Überraschungsei mit Kaviar — 237
Wildwasserkrevetten — 64
Wolfsbarsch in der Salzkruste — 92

GEMÜSE UND BEILAGEN

Artischocken
- **Artischocken-Tomaten-Ragout** — 93
- **Artischockensalat** — 198

Asia-Gemüse — 29
Auberginen — 55
Avocadotatar — 106
Blumenkohlpüree — 108
Bohnensalat — 69
Fenchel — 198
Gazpacho — 158
Karotten-Ingwer-Suppe — 134

Kartoffeln
- **Kartoffelgratin** — 136
- **Kartoffelpüree** — 69, 161
- **Neue Kartoffeln** — 225
- **Süsskartoffeln** — 198
- **Süsskartoffelstampf** — 149

Lauchgemüse — 96
Linsensalat — 39
Maroni, glasiert — 161
Mediterranes Gemüse — 120
Rahmsauerkraut — 187
Ratatouille — 213
Polenta — 189
Safranfenchel — 92
Sauerkraut — 161
Selleriepüree — 175
Sommergemüse — 82

Spargel
- **Salat von grünem und weissem Spargel** — 118
- **Spargel-Pannacotta** — 25
- **Spargelspitzen** — 64
- **Weisser Spargel** — 235

Spinat — 136
Zucchetti-Frischkäse-Roulade — 24
Zucchini — 158

PILZE

Eierschwämmli — 96
Frische Morcheln — 235
Kalbskarree mit Pilzen — 136
Pilzterrine — 172
Rindstatar mit schwarzer Trüffel — 223
Steinpilzrisotto — 43

KÄSE

Brie de Meaux — 30
Zucchetti-Frischkäse-Roulade — 24

SAUCEN & CO.

Fenchel-Butter-Sauce — 92
Kräuter-Mie-de-Pain — 225
Krustentiersauce — 65
Fisch-Butter-Sud — 120
Olivenrapenade — 213
Rotwein-Birnen-Chutney — 30
Sauce mousseline — 225
Wildrahmsauce — 176
Yakumi-Sauce — 53
Yuzu-Marinade — 25

FRÜCHTE UND BEEREN

Apfeltarte — 57
Aprikosentarte — 122
Beerentarteletten — 97
Birnencharlotte — 163
Botzi-Birnen — 176
Crème bavaroise mit Rhabarber — 215
Crêpes mit Heidelbeeren — 138
Früchtebrot — 30
Macaron mit Beeren — 110
Nougatschnitte mit marinierten Orangen — 191
Pannacotta mit Heidelbeeren — 151
Quarkschmarren mit karamellisierten Äpfeln — 202
Rhabarberkompott — 84, 215
Tarte au Vin cuit mit frischen Beeren — 227
Zitronentarte, karamellisiert — 84
Zitronentarteletten — 97
Zwetschgenstrudel — 178

SCHOKOLADE UND GLACE

Aprikosentarte mit Vanilleglace — 122
Eiskaffee «Golfclub» — 241

Mousse
- **Dunkle Mousse** — 164
- **Weisse Mousse** — 164

Petit pot au chocolat — 45
Schokoladenkuchen, warm — 71

IMPRESSUM

Bibliografische Information der Deutschen Nationalbibliothek: www.dnb.de
© Parlamentarische Gruppe Kultur, Bern 2015

Verlag
Stämpfli Verlag AG, Bern
www.staempfliverlag.com

Konzept und Projektleitung
Lorenz Furrer und Franziska Lenz, furrerhugi, Bern
www.furrerhugi.ch

Rezepte
Robert Speth, Restaurant Chesery, Gstaad
www.chesery.ch

Fotografie und Foodstyling
Alain Bucher, Werbefotografie, Bern
www.alainbucher.ch

Gestaltung
Julia Ryser, furrerhugi, Bern

Satz
Sonja Rychener, furrerhugi, Bern

Texte
Franziska Lenz und Pascal Krauthammer, furrerhugi, Bern

Lektorat Deutsch
Linda Malzacher, Bern

Übersetzungen
ITSA Inter-Translations SA, Bern
www.itsa.ch

Korrektorat, Lithografie und Druck
Stämpfli AG, Bern
www.staempfli.com

Buchbinderei
bubu AG, Mönchaltorf
www.bubu.ch

ISBN 978-3-7272-1460-8

Printed in Switzerland

Sämtliche Rezepte sind, sofern nicht anders vermerkt, für 8 Personen berechnet.

DANKE
Wir danken herzlich den Teilnehmern und Teilnehmerinnen sowie allen,
die das Parlamentarier-Kochbuch in irgendeiner Form unterstützt haben, insbesondere:
Susanne und Robert Speth, Restaurant Chesery
Alain Bucher, Werbefotografie
Franz Lemann, Chef-Chef Cuisine
Caroline Jacobi und Roger Seelhofer, Clé de Berne
Loeb AG
Loterie Romande
Swisslos